Les pieds dans le bénitier

Des mêmes auteurs

ANNE SOUPA

Faut-il croire au diable?, Bayard Éditions-Centurion, 1994.
Pâques, art du passage, Éditions du Cerf, 2009.

CHRISTINE PEDOTTI

Dans la collection Théo :
Théo Junior, Mame, 2008, nouvelle édition.
Théo Benjamin, Mame, 2009, nouvelle édition.
Mon premier Théo, Mame, 2006, nouvelle édition.
Théo des tout-petits en images, Droguet & Ardant, 2005.
Le petit Théo, carnet des années caté, Droguet & Ardant, 2001.

Le Livre de la foi des tout-petits, Mame, 2003.
Le Livre de la foi des petits enfants, Mame, 2004.
Le Livre de la prière en famille, Mame/Edifa, 2006.
Petite Encyclopédie du catholicisme pour tous, Mame, 2007.
Quand la Bible offre l'impossible, Mame, 2008.
La Longue Patience du sanglier (roman), Plon, 2009.

Anne Soupa
Christine Pedotti

Les pieds dans le bénitier

PRESSES
DE LA
RENAISSANCE

www.presses-renaissance.com

ISBN 978.2.7509.0627.6
© Presses de la Renaissance, Paris, 2010.

Avertissement

Les citations bibliques sont choisies dans la traduction de la Bible de Jérusalem.

Pour nous écrire personnellement :

anne.soupa@baptises.fr
christine.pedotti@baptises.fr

ou pour partager vos propositions
pour l'avenir du christianisme :

centidees.avenir@gmail.com

ou :

Centidées
Presses de la Renaissance
76, rue Bonaparte
75284 Paris cedex 06

et aussi sur le site Internet :

www.baptises.fr/100idees/

Mais possédant ce même esprit de foi, selon ce qui est écrit : « J'ai cru, c'est pourquoi j'ai parlé », nous aussi, nous croyons, et c'est pourquoi nous parlons.

Saint Paul,
deuxième lettre aux Corinthiens,
chapitre 4, verset 13

Prologue

Nous croyons de toute la force de notre cœur, de notre âme, de notre intelligence que la proposition chrétienne est juste, bonne, valable, crédible, aujourd'hui et dans ce monde. Nous avons donné notre foi au Christ, à Jésus le Christ, cet homme qui a vécu il y a deux mille ans et dont nous disons qu'il nous révèle Dieu. À cause de Jésus-Christ, nous disons qu'il y a un Dieu vivant et bon. Nous disons que l'humanité n'est pas un accident dû au hasard, qu'elle n'est pas promise au néant, mais qu'elle appartient à Dieu, au désir de Dieu. Nous croyons que ce Dieu vivant et bon n'est pas indifférent à la vie des hommes et des femmes et qu'il se penche sur notre histoire avec bienveillance et tendresse. Cependant, nous ne croyons pas que Dieu nous manipule. Nous ne sommes pas des marionnettes dans sa main. Il nous guide en nous appelant, il nous attend, il nous espère. C'est ce Dieu que le christianisme annonce, c'est à ce Dieu que nous avons donné et que nous redonnons chaque jour notre confiance.

Nous reconnaissons que c'est l'Église catholique qui a porté jusqu'à nous cette révélation de Dieu. C'est le premier titre de reconnaissance que nous lui devons. En plus de cette reconnaissance, nous aimons l'Église catholique[1] parce que c'est en son sein, dans sa perspective universaliste, dans sa pratique des sacrements que nous vivons notre foi.

Cette foi n'a pas seulement une dimension individuelle : « Dieu et moi », elle est aussi une communion. Nous ne vivons pas notre foi en disant « je crois » ou « mon Dieu », mais en disant « Nous croyons » et « Notre Père ». Jésus-Christ fait de nous ses frères et sœurs et, en nous donnant à son Père, nous donne un Père. Nous sommes attachées à cette fraternité du genre humain que fonde la foi chrétienne, cette fraternité qui s'étend au plus petit, au plus pauvre, au malade, et même au méchant et au coupable.

À cause de cela, nous croyons que le christianisme change le monde et le rend plus hospitalier. C'est le trésor que nous avons reçu, il est inestimable, aussi ne voulons-nous pas le laisser sans héritiers. Voilà pourquoi nous nous engageons de toutes nos forces pour donner un avenir au christianisme.

---

1. Catholique : qui s'adresse à tout l'homme (au sens de tout l'être humain) et à tout homme (au sens de tous les êtres humains). Dans cet ouvrage, on essaiera autant qu'il est possible d'éviter de dire « homme » pour tout être humain. Si des occurrences nous ont échappé, nous demandons la bienveillance de nos lectrices et lecteurs.

1

Il était une foi et deux femmes

MAIS enfin, qu'est-ce qui nous a pris? Nous n'avions aucune vocation rentrée de militance, aucun désir inassouvi d'engagement, du moins conscient. Alors, qu'est-ce qui nous a conduites là?

Il y a dans la vie des circonstances, des moments opportuns, que les Grecs nommaient *kairos*. Mais ce moment n'est pas appuyé sur rien, il est précédé par une histoire, des événements qui produisent cette opportunité. Nous qui sommes chrétiennes et catholiques, nous voudrions y découvrir les « signes des temps », et oser y reconnaître l'appel de l'Esprit.

Mais soyons précises, racontons d'abord l'histoire qui nous amène là, à écrire ce petit livre.

D'abord, notre histoire à chacune, et notre rencontre, puis l'événement originel et les circonstances favorables. Ensuite, nous exposerons notre analyse concernant la situation de l'Église catholique, et nous dirons quels sont, dans ce contexte, nos engagements. Pour finir, nous proposerons quelques grandes pistes pour l'avenir et nous vous inviterons, vous, lecteurs et lectrices, à participer à cet avenir par des propositions concrètes.

Anne, qui es-tu ?

Si je m'appelle Anne, c'est à cause de la Bretagne chère à mon père. J'ai toujours aimé mon prénom et je garde le souvenir du pardon de Sainte-Anne-La-Palud où chaque été, nos parents emmenaient leurs quatre enfants. Nous marchions avec les Bretonnes en coiffes, chantions de tout notre cœur, à tue-tête, comme le font souvent les Bretons, et après nous avions droit à une grande journée à la plage.

Il m'a cependant fallu des années pour me rendre compte que la tradition avait fait d'Anne, la mère de Marie, une érudite, on dirait aujourd'hui une intellectuelle, puisqu'elle avait enseigné les Écritures à sa fille, ce que montrent tant de statues bretonnes où le livre est là, ouvert entre elles deux. Ce « détail » a radicalement changé mon regard sur Marie. Je me suis rendu compte qu'elle n'était pas uniquement le « ventre » du Saint-Esprit, la « Vierge pure » tenue à l'écart des hommes, pas plus qu'elle n'était la femme soumise et effacée que certains ont voulu faire d'elle. Le chemin qui l'a conduite à dire « oui » à l'ange Gabriel passe par les Écritures juives, c'est-à-dire par l'intelligence de sa foi. Ceci m'a aisément convaincue que Marie, en plus de « porter une jupe », avait vraiment « quelque chose dans la tête ».

Ma famille bretonne était en bonne partie composée de marins, de militaires et de religieux. Mon père avait huit frères et sœurs, dont une franciscaine missionnaire, un capucin, un diacre permanent ; son père était un marin assez peu conformiste, familier des eaux de Terre-Neuve où il observait les déplacements des morues, après avoir été, bien auparavant, affecté sur le navire-hôpital qui assistait les Terre-neuvas blessés à la pêche.

La famille de ma mère était de Beauvais. Mes grands-parents étaient commerçants. Ils ne m'ont pas offert autant de cousins, pas autant de rêves, mais ils étaient très affectueux, très travailleurs et leur maison bien accueillante. Leur foi était humble et discrète ; ils faisaient leurs Pâques et donnaient généreusement à Monsieur le Curé pour ses œuvres.

Pourtant, mes trois frères et moi n'avons grandi ni à Beauvais ni en Bretagne, mais au Maroc, où mon père était militaire.

Mes souvenirs sont ceux de tous les enfants, dérisoires et éternels : l'odeur des narcisses en bouquet dans mes petites mains, mais aussi celle du suint de mouton, associée à des nuages de poussière, le chuintement de l'eau dans les seghias... Un de mes souvenirs forts est le chant du muezzin qui appelait à la prière. Comme les cloches de nos villages de France m'ont paru lointaines et froides à côté de ces belles voix graves ! Quand j'ai retrouvé ce chant, bien plus tard, sur la terrasse de la maison des sœurs de Sion, à Jérusalem, j'ai éprouvé que rien n'exprime aussi bien l'appel vers Dieu qu'une voix humaine montant dans le silence de la nuit. Et bien plus tard encore, je me suis risquée à faire ce que j'avais entendu : seule dans la nuit d'une église, à la fin d'un office de complies, j'ai chanté. Une sœur, cependant, attendait pour fermer l'église; elle est venue me voir et nous avons parlé quelques instants. C'était très bien.

Chez mes deux parents, la foi était réelle, vécue et ouverte. C'était une manière « naturelle » de vivre. Le contenu objectif de la foi, il m'a fallu aller à sa rencontre personnellement, beaucoup plus tard, alors que j'étais déjà mariée et que nos enfants atteignaient l'âge du catéchisme. Poussée par le désir de leur transmettre « le meilleur », j'ai alors compris que c'était la foi. Quelqu'un m'aimait « dur comme le roc » et me voulait en vie, d'une vie plus large que tout ce que je pouvais imaginer. Nos quatre enfants sont allés au catéchisme et je suis convaincue que leur foi ne sera jamais de convenances, mais du cœur. Mais je regrette que mon Église ne sache pas leur dire le Christ avec les mots de leur vie.

Ceci me conduisit – longtemps après mes études « profanes » à Sciences-Po – à entreprendre des études de théologie à Lyon. J'ai été éblouie par la richesse, l'audace, l'ardeur à débattre de la pensée chrétienne. Quelle grande question humaine n'est pas passée sous son analyse? La plus grande de mes découvertes a été la Bible. Elle est bientôt devenue mon jardin. J'empruntais tous ses chemins, j'appris à m'y perdre, à en reconnaître les grands arbres, les fleurs, et à en goûter les parfums. Les pages auxquelles je reviens toujours sont celles du livre de l'Exode, car j'y retrouve toutes les étapes de cette longue marche humaine, la nôtre, qui va de la servitude à la Terre promise. En écho, je lis l'évangile de Jean, qui l'interprète à la lumière du Christ.

De ces années heureuses date ma gratitude envers

l'Église. Je découvrais non seulement qu'elle me transmettait d'inestimables trésors, que ses lieux de savoir, la Catho et l'IPER[1], dispensaient un enseignement de qualité, fraternel, sans vaine gloire, où la vie circulait bien, mais aussi qu'ils m'offraient, plus que ne le faisait la société civile, des rencontres avec des gens de tous horizons.

Avec la communauté jésuite du Châtelard, qui m'ouvrait les portes d'un vrai lieu de foi, donc de vie, je découvrais aussi la place des religieux dans l'Église.

De là datent mes premiers engagements, dans l'animation de sessions et de temps de prière, bientôt suivis d'autres, presque toujours au service de groupes bibliques. Plus tard, pour mon bonheur, mon travail de journaliste m'a rapprochée de la famille dominicaine.

Mon expérience me pousse à dire à mes frères et sœurs des grands ordres religieux que nous, laïcs, avons besoin d'eux. Il y a chez eux quelque chose d'unique, une histoire à raconter et une spiritualité propre qui créent un « esprit de famille »; la machinerie ecclésiale y est moins lourde, le lien au monde mieux préservé; on peut encore y éprouver ce que « communauté » veut dire. Qu'ils tiennent donc la main de l'Église pour l'entraîner devant!

Au fil des ans, j'ai éprouvé combien ma foi, mon travail et mes engagements dans l'Église m'ont collé une étiquette, celle de la « bonne catho ». Cela m'a valu quelques railleries de mondains, beaucoup de conversations

1. L'Institut de pastorale et d'études religieuses de l'Université catholique de Lyon, ouvert aux laïcs, aux religieux et aussi à des prêtres étrangers, assure un enseignement de deux ou trois ans en théologie, exégèse, histoire, etc., à ceux qui se préparent à des tâches ecclésiales ou veulent approfondir leur foi. Plusieurs établissements de même type existent en France.

ennuyeuses sur les mérites du curé de la paroisse, et un certain nombre d'appels au secours de personnes dans le malheur ou en question sur le sens de leur existence. Avec ceux-là, j'ai éprouvé – un tout petit peu – ce que peut vouloir dire porter la parole ou annoncer le Christ, même si son nom n'est pas prononcé. Je mesure que seul un état de conversion permanente y conduit, que l'on soit prêtre – ce que je n'ai jamais voulu être – ou non.

Tous ces événements, ces rencontres, ces petits pas vers la Terre promise, font de moi, à soixante-trois ans, un témoin serein du bonheur d'être chrétien.

Quelle catholique es-tu ?

Malgré une possible part d'illusion, je crois que je suis une catholique de toujours et une catholique de mon temps. Catholique de toujours parce qu'il me paraît évident que l'être humain est en attente de Dieu. En chaque être humain, il y a une sentinelle : c'est Noé qui voit venir de l'horizon le rameau d'olivier dans le bec de la colombe. Et suivre la colombe, s'enquérir de cette terre de Dieu est un exaucement. C'est non seulement un besoin, non seulement une capacité, mais un bonheur. Dieu rend l'être humain heureux, parce qu'il dilate son cœur, parce qu'il le fait camper devant le mystère de l'infini et parce qu'il l'entraîne dans une incessante nouveauté. Oui, Dieu est créateur, non seulement de la terre et du ciel, mais de la vie que je peux dispenser en moi et autour de moi, et de toute la nouveauté que j'aurai contribué à faire advenir. Et mon acte de foi, c'est la joie que cela me donne.

Mais ce qui est prodigieusement stimulant dans le christianisme, et même jubilatoire, c'est que cet au-delà est tout proche, niché au cœur de l'humanité : Jésus « l'Emmanuel », « Dieu avec nous », est vraiment venu, il a vraiment donné sa vie, et « un de l'humanité a vraiment vaincu la mort ».

Je ne me lasse pas d'admirer qu'une existence humaine mérite le choix de Dieu. Que toute notre histoire soit lieu de sa présence, que toutes nos œuvres – la science, l'art… – nous conduisent vers lui. En cela, je suis bien une catholique de mon temps. Convaincue que cet homme qui, en appelant Dieu « mon Père et votre Père », invente une fraternité universelle, est celui que le monde attend. Grâce à lui, la plus simple vie humaine, la plus discrète, la plus disgracieuse, la plus insignifiante qui paraisse, est « christophore », porteuse de Dieu.

Malheureusement, notre Église, au cours de son histoire, a – quoi qu'elle en dise – sous-estimé les conséquences de la dimension humaine de Jésus. Elle a laissé croire qu'une vie « hors du monde » pouvait – et même devait – rapprocher de Dieu, elle a voulu assigner l'Esprit Saint en un temps et en un lieu, elle s'est érigée en médiateur obligé et culpabilisant entre les hommes et Dieu. La vie ordinaire, la simple vie de tout le monde, celle où, véritablement, se joue le Salut, notre Église l'a parfois flattée, mais elle a trop souvent refusé de la vivre avec loyauté et humilité. Aussi, rien ne me réinstalle autant en moi-même, moi qui crois au Dieu venu dans l'Histoire, que cette phrase du poète Jean Grosjean : *« Tout ce que nous savons de Dieu tient dans une vie d'homme. »*

C'est donc au Christ qui mange et boit avec ses amis que je crois, à celui qui envoie promener sa mère parce qu'elle « ne le lâche pas[1] », à celui qui pique une colère contre les marchands du Temple parce qu'ils dénaturent la grandeur de Dieu, à celui qui prend sa salive – quoi de plus intime et « trivial » que de la salive ? – pour guérir un inconnu. Et surtout, au Christ-frère, qui tient bon dans son souci de justice, au point d'en mourir et d'en être relevé, à jamais. C'est ce Jésus en croix qui, aujourd'hui encore, fait tenir debout notre humanité parce qu'il nous aime. Il nous aime, non pas de mots, mais de sa vie, non par devoir ni soumission à un Dieu pervers, mais parce que chacun, vous, moi, est à ses yeux digne d'être aimé.

Où a-t-on lu pareil message de vie ? À nous qui savons qu'un enfant ne peut grandir sans amour, voilà que s'offre ce Jésus qui meurt d'amour. Et il meurt d'amour « pour tous », les forts et les faibles, les croyants et les non-croyants, les méchants comme les bons. N'aurait-on pas besoin de ce message d'amour aujourd'hui ?

Oui, je crois sans l'ombre d'un doute, d'un regret, d'une réserve, en cet Amour tout-puissant, en ce « Seigneur des liens » qui a consacré l'être humain à Dieu, à son frère et à sa sœur, et qui l'attend au terme de son pèlerinage sur la terre.

Et toi, Christine, d'où es-tu, qui es-tu ?

Je suis née il y a cinquante ans, aînée d'une fratrie qui compte trois enfants. La famille de mon père était pour

---

1. Marc 3, 31-35.

partie paysanne, de la grosse et confortable paysannerie ardennaise. L'autre origine, celle dont je tiens mon nom, Pedotti, est celle de mon arrière-grand-père. Un Italien, du nord de l'Italie, des lacs. Il paraît que j'ai un ancêtre garibaldien, un « héros », combattant des Mille qui, avec Garibaldi, débarqua en Sicile et fut tué devant Naples en 1860.

Est-on catholique par la filiation d'un homme italien et sans doute républicain ? Je n'en sais rien. Mais les paysans ardennais, eux, étaient de solides et pieux catholiques.

Du côté de ma mère, on trouve un monde d'artisans et d'ouvriers où la pratique religieuse depuis des générations n'était déjà plus le fait que des femmes (et encore, irrégulière) et des enfants.

Ma mère dit que c'est mon père qui l'a réenracinée dans la foi. L'un et l'autre ont accueilli le concile comme une grande bouffée d'air frais et ont accepté d'avoir quelques engagements paroissiaux. Monsieur le curé est devenu un ami qui s'asseyait sans façon pour dîner à la table familiale. Au final, j'ai été élevée dans une famille catholique, pratiquante régulière, mais sans la pesanteur sociale du catholicisme bourgeois.

Chrétienne j'étais née, chrétienne je suis demeurée. Dans l'adolescence, sans doute l'ai-je été par goût de la différence. Mes camarades, au lycée public, s'affichaient volontiers libres-penseurs, je me distinguais en affichant haut et fort mes convictions.

La vie étudiante a rendu ma pratique plus irrégulière. Pourtant, si j'allais à la messe le dimanche matin après avoir dansé ou refait le monde jusqu'à l'aube, c'était aussi parce que j'y étais bien. Dans les églises, j'étais chez moi. Je retrouvais avec bonheur cet élan de la prière qui me tournait avec confiance vers Dieu.

J'ai fait des études « sérieuses », lettres, philosophie, histoire puis Sciences-Po, et rien dans les monuments de sensibilité et d'intelligence humaines qui m'étaient proposés ne m'est apparu susceptible de mettre en question ni ma foi ni la crédibilité du christianisme. Bien au contraire. Pascal, Claudel, Bernanos étaient de ma famille, je les reconnaissais au premier coup d'œil, et aussi Augustin que mon professeur de philosophie strictement athée ne rechignait pas à citer. En histoire, j'ai eu la chance d'assister aux cours de Jean Delumeau. Sans doute fut-il le premier par qui j'ai compris que le christianisme était davantage un mouvement qu'un monument et qu'il n'avait cessé de se modifier en fonction de l'époque et des circonstances.

Au début de ma vie adulte, j'ai fait le catéchisme aux enfants du primaire, d'abord à Versailles, puis à Paris. J'ai eu la chance, dans les deux cas, de rencontrer des responsables laïques formidables, généreuses, ouvertes, ayant une solide formation. Ma paroisse parisienne comptait de nombreuses « savantes », théologiennes et biblistes qui assuraient une sorte de formation permanente. J'ai compris que pour transmettre ce à quoi on croyait, pour témoigner, il était utile de comprendre et que l'intelligence, loin d'éloigner de la foi, permettait de s'y enraciner de façon fondée. En même temps – mais cela ne m'étonnait en rien –, je voyais que les femmes pouvaient, en la matière, avoir la tête bien faite et bien pleine. Telle est ma foi, un don reçu dès l'enfance et cultivé avec bonheur.

Aussi, quand le curé de la paroisse nous a suggéré, à mon mari et à moi-même, de suivre une formation de théologie, nous ne nous sommes pas dérobés. Mais en même temps que je découvrais la passion de savoir, de comprendre, je ne perdais pas celle de transmettre. Après les enfants du catéchisme, j'ai rencontré les grands adolescents des aumôneries du Quartier latin en devenant responsable d'aumônerie. Expérience féconde à deux titres. D'une part, j'ai vu chaque jour de jeunes esprits s'éveiller à une foi adulte et responsable, et acquiescer à la proposition chrétienne. Comment ne pas croire à l'œuvre de l'Esprit Saint quand on en voit les fruits quotidiennement ? D'autre part, j'ai expérimenté l'exercice de la responsabilité partagée entre le prêtre aumônier et moi, la responsable laïque. Nous avions trente ans l'un et l'autre. Nous y avons appris, l'un de l'autre, que la question laïc/prêtre doit demeurer une question. Elle doit nous questionner afin de renvoyer chacun de nous à sa vocation propre. Cette distinction n'instaure pas un ordre hiérarchique mais un ordre dynamique, une sorte de moteur vital qui structure et tisse la qualité propre de l'Église catholique.

L'amour des livres est l'autre passion de ma vie. Je crois qu'il y a des livres utiles, précieux, qui peuvent changer une existence. Après Sciences-Po, j'ai fait un détour par le journalisme qui a délié ma plume, et je suis devenue éditeur. J'ai dirigé des maisons d'édition religieuses, et même créé dans un grand groupe un département d'édition pour la jeunesse. Par ailleurs, j'ai commencé à écrire quelques livres, principalement pour parler de la foi des chrétiens aux enfants et aux jeunes.

Étais-je une catholique « critique » ?

J'étais surtout une catholique lucide et fidèle. D'abord, je n'étais pas (je ne suis toujours pas) une catholique de la marge, du bord du rang ou de derrière le pilier. Je suis une catholique du milieu de la nef. Je n'appartiens à aucun groupe, aucune spiritualité particulière, aucun mouvement. Je suis une paroissienne, tout simplement, de celles qui échangent des propos aimables avec leur curé. J'ai eu des engagements divers. Je sais comment fonctionne la machinerie ecclésiale. Beaucoup de mes amis sont prêtres, religieux, évêques. Nous partageons le souci de l'avenir, l'inquiétude pour la mission qui n'est pas remplie, la parole de l'Église qui n'est pas crédible, l'Évangile qui n'est pas annoncé. Je contribue à ma mesure, en écrivant des livres, en tentant de trouver des mots qui racontent aux enfants le bonheur que Dieu promet.

Pour dire ma foi en quelques mots, j'ai envie de repartir de la confession de foi de saint Paul dans la lettre aux Romains : « *Oui, j'en ai l'assurance, ni mort ni vie, ni anges ni principautés, ni présent ni avenir, ni puissances, ni hauteur ni profondeur, ni aucune autre créature ne pourra nous séparer de l'amour de Dieu manifesté dans le Christ Jésus notre Seigneur*[1]. »

Je me retrouve bien dans cette « assurance ». J'aime bien aussi quand le même Paul proclame : « *Je sais en qui j'ai mis ma foi*[2]. »

Par pure Grâce, dont je ne puis qu'être reconnaissante, je vis dans la foi. À l'inverse de ceux qui trouvent la foi

---

1. Épître aux Romains 8, 38-39.
2. Deuxième Épître à Timothée 1, 12.

très belle mais restent à l'extérieur parce qu'ils ne peuvent consentir, je puis intellectuellement comprendre les obstacles à la foi, je trouve légitime qu'on puisse ne pas donner sa confiance, ne pas considérer l'hypothèse Dieu comme crédible. Mais intimement, je sais que moi, je suis dans la foi. Non à cause de quelque mérite personnel ou par effet de ma volonté, mais parce que Dieu m'y a mise.

Et cette foi est une foi de dialogue. Je ne suis pas étonnée quand je lis que Moïse parlait avec Dieu comme avec un ami. J'aime passionnément les psaumes parce qu'ils sont l'expression prodigieusement riche de cette conversation « sans façon » entre Dieu et le croyant. Tout n'y est ni rose ni facile, ça ressemble à la vraie vie, avec des cris, des larmes, des rires, des confidences, des mots qu'on regrette d'avoir dits et des déclarations d'amour.

De la même façon, j'aime dans l'Évangile le personnage de Marthe, pour lequel j'ai une tendresse d'autant plus grande que c'est mon deuxième prénom. J'admire la relation qu'elle a avec le Christ. C'est quand même le seul personnage de l'Évangile qui « engueule » Jésus. Et deux fois ! La première, quand elle lui demande de lui envoyer sa sœur pour l'aider : *« Seigneur, cela ne te fait rien que ma sœur me laisse servir toute seule ? Dis-lui donc de m'aider*[1]*. »* La deuxième, quand Jésus arrive à Béthanie après la mort de Lazare. Elle va à sa rencontre : *« Seigneur, si tu avais été ici, mon frère ne serait pas mort*[2]*… »*

De façon générale, j'aime lire l'évangile. J'en aime la simplicité, la concision, l'efficacité de la narration.

Mais ma confession de foi ne serait pas complète si je n'ajoutais pas que j'aime la messe.

---

1. Luc 10, 40.
2. Jean 11, 21.

Comme tout le monde, je peste parce qu'ici, les chants sont nuls, là, le curé aurait mieux fait de se taire plutôt que de prêcher aussi mal, ailleurs, les introductions des laïcs sont un bavardage insupportable, et puis, il y a aussi le prêtre qui s'ennuie et nous ennuie, et l'organiste qui torture son instrument, et... tous les défauts du monde. Mais cependant, il reste la messe, cette incroyable flexion du temps par laquelle l'éternité de Dieu rejoint notre présent. Tout ce qui est promis est déjà là. Déjà, notre humanité est accomplie, le Christ a tout récapitulé, tout est sauvé. Nous sommes un peuple uni, dans la fraternité et la communion, nous sommes le corps du Ressuscité, et je retrouve saint Paul : «... *ni mort ni vie, ni anges ni principautés, ni présent ni avenir, ni puissances, ni hauteur ni profondeur, ni aucune autre créature ne pourra nous séparer de l'amour de Dieu manifesté dans le Christ Jésus notre Seigneur* ».

Voilà quelle est ma foi. Quant à ma situation vis-à-vis de l'Église, si je devais résumer mon état d'esprit à l'automne 2008, au moment où commence notre aventure, ce serait bien l'inquiétude plutôt que la révolte. Une inquiétude larvée. Peut-être, je l'avoue, étais-je sinon dépressive, en tout cas résignée. J'avais, à l'époque, le sentiment que j'avais fait ma part, et que d'autres viendraient après moi et porteraient à leur tour le poids du jour.

C'était compter sans ce que certains de nos amis pleins d'humour nomment « *felix culpa* », l'heureuse faute, celle du cardinal André Vingt-Trois qui, voulant faire un trait d'humour, « se rate » et déclenche notre ire.

La rencontre

Alors qu'à bien des égards, nous aurions dû, Anne et moi, nous rencontrer des dizaines de fois, cela ne s'est pas produit, jusqu'à un jour de juillet 2007 où, comme rédactrice en chef du mensuel *Biblia*, elle m'a demandé, sur la suggestion d'un ami commun, de rédiger un article sur saint Paul et les femmes. C'était prémonitoire, nous n'en avions bien sûr ni l'une ni l'autre le moindre soupçon. J'ai écrit l'article, et cela nous a valu une rencontre d'une heure au cours de laquelle nous nous sommes trouvé d'évidentes affinités. Nous n'en sommes pas devenues amies pour autant, l'une et l'autre avions beaucoup à faire et ne manquions pas de relations amicales…

La véritable rencontre s'est produite dix-huit mois plus tard, le 28 novembre 2008, lorsque j'ai reçu de la part d'Anne un mail dont voici un extrait significatif :

La récente intervention de Monseigneur Vingt-Trois à Radio Notre Dame, le 6 novembre dernier, dans l'émission de La Croix *présentée par Frédéric Mounier, « Face aux chrétiens », suscite indignation et colère chez de nombreuses femmes. Il a en effet considéré que pour que les femmes lisent les lectures liturgiques, « il ne suffisait pas d'avoir une jupe, mais qu'il fallait avoir quelque chose dans la tête ».*

Pour ma part, j'estime que trop c'est trop, et j'ai l'intention de déposer une plainte à l'Officialité de Paris (tribunal canonique), avec copie à la Nonciature et à l'intéressé. Ceci pour montrer notre bonne volonté en utilisant d'abord les procédures ecclésiales, tout en sachant que devant les tribunaux civils, une telle plainte serait recevable et sans doute gagnée.

*[…]Le collectif pourrait s'appeler « Le Comité de la jupe »,
au moins comme nom de code provisoire.*

Et voici la réponse que je lui ai faite :

Anne,
*Croyez bien que vous me trouverez indéfectiblement à vos
côtés, que nous serons ensemble dans la légitime procédure
que vous souhaitez engager. Car même si l'on peut parfois
regretter la pesanteur d'un parler trop « politiquement cor-
rect », il est impossible, même en écoutant avec une grande
bienveillance, de considérer que les propos du cardinal de
Paris puissent relever d'un « franc-parler ». De tels propos ont
tout pour blesser les femmes, mais aussi tous les hommes qui
travaillent avec ou sous l'autorité de, collaborent avec, estiment
et respectent cette moitié de l'humanité qui est du genre
féminin.*

En quelques minutes, simplement par écrit, notre
alliance était scellée, nous n'étions pas encore amies,
nous allions le devenir.

2

Soutane rouge et jupons blancs

Histoire de jupe

VOILÀ donc comment l'histoire commence : un mot malheureux de Mgr André Vingt-Trois.

Rappelons dans quelles circonstances. Nous sommes le 6 novembre 2008, au sortir de l'Assemblée plénière des évêques à Lourdes. Mgr André Vingt-Trois participe à une émission de radio d'une heure dont il est l'unique invité, émission retransmise à la fois sur RCF et sur Radio Notre Dame, c'est-à-dire avec une audience nationale. Il siège et répond à trois titres : il est le cardinal-archevêque de Paris, l'un des plus gros diocèses de France, et au titre du cardinalat, il est de droit un conseiller du Saint-Père. Il est par ailleurs l'un des prélats français qui a représenté l'Église de France au synode romain sur la Parole de Dieu. Il est pour finir le président de la Conférence des évêques de France. C'est dire que sa parole engage plus que lui-même. C'est à propos de son séjour à Rome qu'il est interrogé par le journaliste Frédéric Mounier sur la possibilité, évoquée pendant le synode romain qui venait de s'achever, d'ouvrir aux femmes un « ministère institué », celui de lecteur.

La question demande quelques petits éclairages. À l'issue du concile de Vatican II, il y a eu des réaménagements dans ce qu'on appelait à l'époque les « ordres mineurs », qui étaient des étapes dans l'accession à l'ordination des prêtres. Aujourd'hui, les jeunes gens qui se préparent à devenir prêtres, vers la quatrième année de leur formation, sont institués comme lecteurs et acolytes. À ce titre, ils reçoivent la mission de proclamer la Parole de Dieu dans la célébration liturgique et celle du service de la table eucharistique : préparation des offrandes et distribution de la communion. Ces « ministères », mot du langage ecclésiastique qui désigne tout simplement un service, sont donc exercés par des jeunes gens (hommes) qui ne sont pas des clercs. Ils sont encore des laïcs « ordinaires ».

Les lecteurs avisés feront remarquer que partout dans les églises, il est courant que les lectures et la distribution de la communion eucharistique soient faites par des laïcs, hommes ou femmes. C'est bien sûr vrai. Mais ils sont appelés comme « ministres extraordinaires », ce qui signifie que c'est une mission qui leur est déléguée par le prêtre célébrant pour cette célébration-ci, ce jour-là, et non de façon permanente.

La question qui a été posée à Rome au synode puis, donc, à André Vingt-Trois, était de savoir s'il ne convenait pas de confier cette mission de lecture de la Parole de Dieu (et éventuellement de sa méditation) à des fidèles laïcs qui ne deviendront jamais prêtres, et dès lors, à des femmes aussi bien qu'à des hommes. La question s'était déjà posée à la fin des années soixante, et Rome avait affirmé avec force que ce ministère n'était pas ouvert aux femmes. Et de fait, sans doute afin de ne pas soulever de scandale, il n'est pas non plus conféré aux hommes, au moins en France, mais réservé ponctuellement à des jeunes gens qui certes sont laïcs, mais qui deviendront prêtres.

La question n'est donc pas du tout anodine et porte bien sur une discrimination à l'égard de femmes, du fait qu'elles sont femmes, et sans aucune justification d'aucun autre ordre que : « C'est comme ça. »

On voit donc que Mgr Vingt-Trois, acculé à répondre, n'ose pas l'argument d'autorité et tente un dégagement « en touche », dégagement des plus maladroits.

Voici la transcription exacte de sa réponse : « *Le plus difficile, c'est d'avoir des femmes qui soient formées, le tout n'est pas d'avoir une jupe, c'est d'avoir quelque chose dans la tête.* » Et son inconfort est souligné par son rire, qui tente sans doute d'effacer par l'humour une réponse dont il n'est déjà pas très content. Oui, son inconscient « s'est pris les pieds dans le tapis », et la réponse contournée a produit le pire des résultats.

Jupe contre soutane ?

Dans un premier temps, rendons justice à André Vingt-Trois. Certes, en cette circonstance, son inconscient lui joue un mauvais tour, mais nous sommes tous menacés, un jour, de nous entendre dire par lapsus ce que même sous la torture, nous voudrions taire.

Nous ne sommes pas là pour analyser l'inconscient de Mgr Vingt-Trois. En revanche, Christine porte témoignage en sa faveur : « J'ai été la bénéficiaire d'une formation de théologie, initiée par ses soins, dans le diocèse de Paris. Je n'y ai jamais constaté la moindre discrimination à l'égard des femmes. Je sais qu'il a appelé des formatrices nombreuses, pour qui il a la plus grande estime et la plus grande confiance. Je sais qu'il a parmi ses proches, et qu'il écoute, des femmes aussi bien formées que lui, sinon plus. Il ne peut donc consciemment penser qu'il est plus difficile de former les femmes que les hommes. » La meilleure preuve, c'est que partout, dans les facultés de théologie françaises, des femmes sont formées, qui ne donnent pas moins satisfaction que les hommes et obtiennent avec la même aisance que leurs condisciples masculins des grades académiques de haut niveau.

Et pourtant, dans un rire un peu lourd, le cardinal-archevêque de Paris prononce ces mots absurdes. Quand il fera des excuses, après notre plainte, il expliquera qu'il a dit tout l'inverse de ce qu'il pensait.

Nous avons dit que nous laisserions l'inconscient de l'archevêque de Paris à ses obscurités, mais puisque lui-même reconnaît que sa parole lui a « échappé », nous ne résistons pas à nous livrer à une tentative d'interprétation : c'est parce que les arguments contre l'accession des femmes à des responsabilités dans l'Église, du simple fait qu'elles sont femmes, sont tout simplement indéfendables, que l'inconscient de Monseigneur lui joue de si vilains tours. C'est parce qu'il n'a pas d'arguments valables que son inconscient raconte n'importe quoi, déraisonne et énonce des motifs si absurdes qu'ils sont, *in fine*, contre-productifs. Nous sommes là devant un bel exemple de « ruse de l'inconscient ». C'est parce que Mgr Vingt-Trois, comme de très nombreux hommes d'Église, défend par obéissance une position à laquelle intimement il ne souscrit pas, qu'il s'est exposé à des paroles involontaires qui l'ont mis dans une position si inconfortable.

La plainte à l'officialité

Ce n'était certes pas la première fois qu'un ecclésiastique tenait à l'égard des femmes des propos inacceptables, mais c'était la première fois que ces propos étaient tenus de façon publique, enregistrement à l'appui, dans une situation d'autorité, par le plus éminent des responsables catholiques français, et dans des termes d'une telle inconvenance. Il n'y eut pas que nous pour nous insurger. Monique Hébrard avait déjà publié une chronique scandalisée dans *La Croix*. Mais le génie d'Anne fut d'avoir l'idée de porter plainte devant le tribunal ecclésiastique et d'invoquer à l'appui de la plainte, outre le droit de l'Église, la pratique évangélique de la correction fraternelle.

Voilà donc les bases sur lesquelles nous fondions notre action. Il nous fallut quelques soirées pour rédiger la fameuse plainte. C'était bien sûr pour nous une première. Et nous voilà le nez dans le droit canon, cherchant sur quels articles fonder notre action. Finalement, nous avons retenu principalement les canons 208, 212 § 2, 221 § 1, 223, et le canon 1399 qui pointe le caractère aggravant du scandale quand il est provoqué par un responsable de haut niveau [1].

Et nous avons déposé notre plainte à l'officialité de Paris, ce qui en termes de droit était une erreur que nous

---

1. Articles cités en annexes, p. 246-247.

avons commise à dessein. En effet, l'évêque du lieu (l'ordinaire) est le responsable de la justice qui y est rendue. En termes stricts, dès lors que notre plainte visait l'évêque, elle n'était pas recevable localement et aurait dû être déposée à Rome, au tribunal de la Rote.

Cette précision nous permet d'indiquer que notre intention n'était pas d'obtenir un procès mais justice, c'est-à-dire, des excuses, avec comme intention seconde que, dorénavant, il soit clair qu'il n'y aurait plus d'impunité en ce domaine, et que tout ecclésiastique qui ne contrôlerait pas son langage se retrouverait assigné devant la justice de l'Église.

Et pour que les petites dames en jupe que nous étions aient une chance de bousculer une soutane rouge, il nous fallait non seulement porter plainte, mais le faire publiquement. Et d'ailleurs, puisque l'offense avait été publique et même médiatique, il était légitime que notre réaction le soit aussi.

Nous devons avouer que le résultat fut très au-dessus de nos espérances. Étions-nous par chance tombées dans une période creuse de l'actualité ? Plus simplement, le fait que deux dames catholiques se rebiffent contre la misogynie d'un cardinal avait-il un petit côté « folklorique », « bizarre » ? Il faut avouer aussi que nous étions bien servies par les propos du cardinal, qui sonnaient comme un slogan facilement mémorisable : *« Le tout n'est pas d'avoir une jupe, c'est d'avoir quelque chose dans la tête. »* Il n'y a pas à dire, ça se retient vite. Et puis ça faisait rigoler les journalistes de répéter ça. D'ailleurs, si un homme politique en avait été l'auteur, sa petite phrase aurait de la même façon été rapportée des dizaines de fois.

En conséquence, après quarante-huit heures de flambée médiatique, les services de l'archevêché ont annoncé que le cardinal s'exprimerait à la radio le samedi matin. Ce qu'il fit. Ce ne furent pas tout à fait des excuses, mais il expliqua qu'il avait dit l'inverse de ce qu'il pensait. Sans doute était-ce vrai. Dont acte! Le jour même, nous avons dit que nous étions satisfaites et rédigé un communiqué de presse en ce sens et au premier jour ouvrable suivant, nous avons retiré notre plainte.

L'affaire aurait pu s'arrêter là, mais comme dit le proverbe, il ne faut pas réveiller le chat qui dort; nous étions jusque-là des « minettes » endormies, nous venions de nous réveiller et de découvrir que nous avions des griffes…

Felix culpa, ou la goutte qui fait déborder le vase

La médiocrité de la situation faite aux femmes dans l'Église catholique n'était évidemment pas une découverte. Nous étions l'une et l'autre depuis trop longtemps de fidèles catholiques pour n'avoir pas affronté les manifestations ordinaires de la misogynie cléricale. Misogynie à caractère particulier, puisque contrairement aux hommes de la société civile qui sont hélas (en moyenne) tout aussi misogynes mais qui savent qu'ils ne peuvent plus l'afficher, les clercs présentent des justifications « théologiques » pour légitimer une autorité réservée exclusivement aux individus de sexe masculin.

Nous examinerons les raisons théologiques qui sont invoquées. Mais d'abord, revenons à notre aventure.

Pourquoi, alors que nous avions supporté, l'une et l'autre, pendant plusieurs dizaines d'années, le sort fait aux femmes, avons-nous décidé, au seuil de cet hiver 2008-2009, de nous rebiffer ?

Une phrase nous revenait aux lèvres, et c'est aussi ce que nos amies et les amies d'amies qui nous rejoignaient et nous encourageaient, ne cessaient de répéter : « Trop c'est trop, cette fois, ça suffit. » Et de fait, il n'y a pas d'autre explication. Le lapsus de Mgr Vingt-Trois était la goutte qui faisait déborder un vase qui était déjà plus que plein. C'était la fois en trop.

Jusque-là, nous avions été « bien gentilles ». Nous avions pensé que l'Évangile et le Christ passaient avant tout, et à cause de cela nous nous étions tues. Peut-être aussi savions-nous que se battre, c'était se battre contre des moulins à vent… Et nous n'avions pas de vocation de Don Quichotte ! Mais cet hiver-là, nous avons pris conscience de deux choses.

La première, c'est que nous avions obtenu gain de cause face à un très gros moulin (pardon, Monseigneur, pour la légèreté de la comparaison), et de plus, nous avions mis les rieurs de notre côté. Même des ecclésiastiques, y compris mitrés, bienheureux de n'être pas dans notre ligne de mire, en avaient profité pour pouffer aux dépens du cardinal de Paris (pardon encore, Monseigneur, ce n'était pas notre objectif). Et comme chacun sait, hommes ou femmes qui rient sont à moitié conquis.

La deuxième, c'est qu'il nous est apparu que la situation des femmes n'était pas un détail injuste, regrettable, sur lequel on pouvait « passer », et sur lequel, jusqu'alors, nous passions. C'était bien plus grave : une énorme déperdition d'énergie, d'intelligence, de richesse humaine et spirituelle, un contre-témoignage porté contre l'Évangile, et un symptôme tragiquement révélateur de l'enfermement de l'Église catholique, au moins dans son existence institutionnelle, dans un système étanche, étranger au monde environnant, dans une sorte de contre-culture autiste et anti-évangélique.

Les femmes, une espèce étrange ou étrangère ?

En préambule, faisons crédit à l'Église catholique d'avoir, par le passé, été misogyne à la stricte mesure des sociétés auxquelles elle était liée. Ni plus, ni moins. Le christianisme, héritier culturel de systèmes fortement patriarcaux (cultures sémite, grecque et romaine), s'accommode sans difficulté de la norme commune et la fait sienne.

On peut bien sûr regretter qu'en la matière, il n'y ait eu aucun prophétisme. D'aucuns soutiendront que l'Église a défendu les femmes contre la violence des hommes. Et il est vrai que le sort des femmes s'est trouvé amélioré par les dispositions chrétiennes sur le mariage, en particulier l'obligation du consentement de l'épouse et la défense de la stabilité des unions, jusqu'à les rendre indissolubles, lois qui protégeaient les femmes de la misère pour cause de répudiation. Mais il faut dire quand même que les femmes n'ont pas été défendues en raison de leur égale dignité avec les hommes mais en raison de leur faiblesse. Le christianisme, fidèle au message du Christ, défend les plus petits, ceux qui sont victimes d'injustice ; les femmes entraient dans cette catégorie.

Mais elles n'étaient en aucun cas les égales des hommes. Cette idée d'égalité semblait totalement ridicule. Par nature, les femmes étaient faibles, physiquement, intellectuellement et spirituellement. Et d'ailleurs, c'était bien par le « maillon faible », Ève, que le serpent avait introduit le mal et la discorde entre Dieu et les hommes. Le catalogue des insultes que les Pères de l'Église font pleuvoir sur Ève et ses descendantes est éloquent. Tertullien [1] détient sans doute la palme : « *Tu enfantes dans les douleurs et les angoisses, femme ; tu subis l'attirance de ton mari et il est ton maître. Et tu ignores qu'Ève, c'est toi ? Elle vit encore en ce monde, la sentence de Dieu contre ton sexe. Vis donc, il le faut, en accusée. C'est toi la porte du diable. C'est toi qui as brisé le sceau de l'Arbre ; c'est toi qui la première as déserté la loi divine ; c'est toi qui as circonvenu celui auquel le diable n'a pu s'attaquer ; c'est toi qui es venue à bout si aisément de l'homme, l'image de ton Dieu. C'est ton salaire, la mort, qui a valu la mort au Fils de Dieu.* » Terrible, exagéré peut-être, mais dix siècles plus tard, le très fin Thomas d'Aquin, docteur de l'Église, écrit toujours : « *L'homme jouit avec plus d'abondance du discernement de la raison que la femme.* » Pour être plus sobre, ce n'en est pas moins rude !

Les papes du dernier siècle ne sont pas en reste : Pie XI, le 30 décembre 1930, dans *Casti Connubii*, accuse « *les maîtres d'erreurs qui n'hésitent pas – à attaquer la fidèle et honnête subordination de la femme à son mari [...] à proclamer que les droits sont égaux entre époux [...] qui prêchent orgueilleusement une émancipation de la femme déjà accomplie ou qui doit l'être...* ».

---

1. Oui, je sais, Tertullien n'est pas un Père de l'Église. Mais ce n'est pas sa misogynie qui a été condamnée.

Jean-Paul II, dans *Mulieris Dignitatem*, en 1988, avait longuement développé la vocation propre des femmes : virginité ou maternité, et assumé *« le déséquilibre inscrit dès l'origine par le Créateur... »*. En 1994, dans *Ordinatio Sacerdotalis*, il conclut, en y jetant toute son autorité et celle de la tradition : *« La charge d'enseigner, de sanctifier et de gouverner les fidèles est exclusivement réservée aux hommes. »* En conséquence : *« L'Église n'a en aucune manière le pouvoir de conférer l'ordination sacerdotale à des femmes et cette position doit être définitivement tenue par les fidèles de l'Église. »* Position qu'il confirme dans sa lettre aux femmes en 1995 : *« Le Christ a confié seulement aux hommes le devoir d'être " icône " de son visage de Pasteur et d'époux de l'Église à travers l'exercice du sacerdoce ministériel. »* Le point d'orgue est atteint en 2004, dans la *Lettre aux évêques, sur la complémentarité de l'homme et de la femme*[1], où l'on apprend surtout que la femme est complémentaire de l'homme mais que l'inverse n'est pas vrai...

Écartons pour l'heure la question de l'ordination des femmes. Contentons-nous d'entendre à quel point les femmes sont identifiées à la différence. La différence de quoi ? La différence par rapport à la norme de l'humanité, c'est-à-dire les hommes au sens masculin du terme. Il faut avoir des oreilles d'homme, de mâle, pour ne pas entendre la violence faite aux femmes dans cette série de propos. L'homme mâle est la référence, la femme, la différence !

Si différente qu'elle n'est peut-être pas aussi humaine que le mâle. Ne croyez pas que nous exagérons, pour les

---

1. Document de la Congrégation pour la doctrine de la foi, qui était alors présidée par... Joseph Ratzinger.

Pères de l'Église c'était bien clair : l'humanité mâle était plus « achevée » que l'humanité femelle. La meilleure preuve était que pour incarner la perfection de l'humanité, Dieu avait choisi d'être homme dans le Christ. Quant à la femme, pour compenser son imperfection de nature, elle devait se soumettre à l'homme et accomplir ainsi sa vocation.

Le problème n'est pas qu'on ait pensé cela, tout le monde le pensait, écoutez Schopenhauer : *« La femme est un être intermédiaire entre l'enfant et l'homme... Elle est un animal aux cheveux longs et aux idées courtes ! »*, ou Proudhon, ce grand socialiste : *« Il faut que l'homme dans ses rapports avec la femme sache lui faire sentir qu'il est pour elle un père, un chef, un maître, surtout un maître. »*

Le problème, c'est qu'« on », c'est-à-dire la doctrine officielle catholique, continue à le penser.

Cependant, soyons honnêtes, même chez les plus bornés des hiérarques catholiques, personne n'ose plus soutenir que les femmes ont une faiblesse de nature. C'est pourtant à un argument de « nature » qu'on recourt pour écarter les femmes. Et cet argument est celui de la différence.

Voici venue l'ère du différentialisme. La formule est subtile, voici comment elle s'énonce : les hommes et les femmes ont une égale dignité mais *évidemment* (c'est nous qui soulignons), comme ils sont différents, ils ne sont pas égaux. L'égalité (pour être péjoratif, on dit l'égalitarisme) gommerait la bienfaisante et créatrice différence voulue par Dieu. En conséquence, et conformément à la vérité, à la beauté et à la bonté de l'acte créateur de Dieu... eh bien les hommes seront « plus égaux » que les femmes !

On parle aussi parfois de complémentarité, mais la logique est la même. C'est la femme qui est complémentaire de l'homme, jamais l'inverse.

Il faudrait pouvoir rire de telles contorsions. Comment voulez-vous qu'un homme intelligent comme André Vingt-Trois ne se prenne pas les pieds dans sa soutane rouge quand il est tenu de défendre des positions aussi tordues ?

On peut aussi connaître un peu l'histoire politique et se souvenir que le slogan « égaux mais différents » fut le principal fondement des politiques de ségrégation raciale aux États-Unis...

La thèse différentialiste se drape de toutes sortes de bonnes raisons « évidentialistes ». On dit : « Vous ne pouvez quand même pas nier la différence entre les hommes et les femmes ? » La différence sexuelle, non, c'est même l'un des agréments des relations hommes-femmes. Mais que cela fasse une différence dans la manière de gouverner les États, de diriger les entreprises, de faire de la recherche scientifique ou de la médecine reste à démontrer. Qu'il suffise ici d'invoquer la jurisprudence Margaret Thatcher ou Golda Meir pour prouver que les femmes d'État ne semblent pas exercer le pouvoir très différemment des hommes.

Quant à l'idée que les femmes, parce qu'elles portent les enfants, seraient « naturellement » des protectrices de la vie, elle nous laisse assez dubitatives. L'argument est de surcroît insultant pour les hommes que l'on fait passer pour des barbares sanguinaires et criminels par « nature ».

Il est regrettable que des cultures guerrières habituent dès le plus jeune âge les garçons à croire que leur virilité s'affirme en tenant une arme. Mais il se trouve aussi des femmes terroristes qui acceptent de se transformer en bombe humaine. Et d'ailleurs, une guerre meurtrière comme la Première Guerre mondiale s'est faite, certes, avec le consentement des hommes qui sont montés au combat, mais aussi avec celui de leurs mères, de leurs sœurs, de leurs épouses qui, comme eux, ont cru que leur sacrifice était nécessaire à la défense de la patrie.

Quant à faire des femmes des « *sentinelles de l'invisible* », selon les mots de Jean-Paul II si souvent répétés, là, nous nous cabrons. Ce n'est pas parce que l'expression est jolie, un peu poétique, qu'elle est juste. Enfin, qu'est-ce que ça veut dire ? Ce n'est pas parce que nous sommes femmes et que nous avons un organe qui nous permet d'abriter un bébé pendant sa gestation que nous sommes particulièrement en contact avec les « forces de la nature ». Non, nous sommes êtres de raison. Nous ne parlons ni avec les sources, ni avec les arbres, ni avec les oiseaux. Nous ne disposons d'aucun savoir surnaturel qui serait caché aux hommes, aucun pouvoir non plus, n'en déplaise à ceux qui ont cru que les « filles d'Ève » avaient des tendances à la sorcellerie.

Bref, tout cela nous semble assez compliqué et souvent caricaturé. Bien malin celui qui peut prétendre qu'il y a une « nature » féminine, une vocation de la femme voulue par Dieu de toute éternité. Pour être précises, disons que les femmes n'ont pas plus de vocation à être épouse et mère que les hommes à être époux et père. Quant à habiter ce monde, à le rendre prospère et humain, il nous semble que l'auteur inspiré de la Genèse en donne la vocation à l'homme et à la femme conjointement. N'en déplaise à Messieurs les ecclésiastiques du siècle dernier et des précédents (nous faisons crédit à ceux de ce siècle-ci), les femmes sont résolument de la même espèce que les hommes : l'humanité.

Parler des femmes plutôt que parler aux femmes

L'un des aspects les plus irritants de la situation des femmes dans l'Église catholique est la propension des responsables masculins à penser qu'ils ont des choses à dire sur les femmes. Dans leur univers mental, les femmes sont des objets de parole, en aucun cas des sujets, des sujets parlant et pensant. Les femmes sont « ci ou ça », « comme ci, comme ça ». On a encore de la chance quand on parle des femmes et non de la Femme, du concept de femme.

Signe indiscutable de la domination des hommes, les femmes sont soumises à leurs paroles d'hommes, sans qu'elles aient jamais ni l'opportunité ni le droit de répondre. Les hommes (les clercs) savent, enseignent, les femmes se taisent et écoutent. Oui, c'est ce que Paul dit dans la première lettre aux Corinthiens : « *Que les femmes se taisent dans les assemblées, car il ne leur est pas permis de prendre la parole ; qu'elles se tiennent dans la soumission, selon que la Loi même le dit*[1]. »

Et alors ? Paul ordonne aussi aux esclaves la soumission : « *Tous ceux qui sont sous le joug de l'esclavage doivent*

---

1. Première Épître aux Corinthiens 14, 34.

considérer leurs maîtres comme dignes d'un entier respect, afin que le nom de Dieu et la doctrine ne soient pas blasphémés [1]. »

Mais dans la lettre aux Galates, quand il ne s'agit plus d'usages ni de convenances, mais de proclamer la vie nouvelle dans la foi et non plus sous le joug de la Loi, Paul donne cet étonnant lyrisme à sa séquence : « *Vous tous en effet, baptisés dans le Christ, vous avez revêtu le Christ : il n'y a ni Juif ni Grec, il n'y a ni esclave ni homme libre, il n'y a ni homme ni femme; car tous vous ne faites qu'un dans le Christ Jésus* [2]. »

Eh bien à l'heure où nous écrivons ces lignes, il n'y a plus de différence entre les Juifs et les Grecs, il n'y a plus les esclaves et les hommes libres, mais pour l'Église catholique, il y a toujours des hommes et des femmes : des hommes jouissant de leurs droits pléniers à l'humanité et à participer à la mission de l'Église, et des femmes, citoyennes de seconde zone, hilotes de l'Église.

C'est évidemment d'autant plus insupportable que simultanément, les sociétés les plus anciennement chrétiennes ont inscrit dans leurs lois publiques la stricte égalité des hommes et des femmes, et que dans la vie quotidienne, ce sont partout, dans ces mêmes pays, les femmes qui font fonctionner l'Église. Comme les esclaves à Rome autrefois, les femmes font tout. Le ménage, les fleurs, les chants, le catéchisme, les formations bibliques, les visites aux malades, les doctorats de théologie. Elles font tout sauf décider.

---

1. Première Épître à Timothée 6, 1.
2. Épître aux Galates 3, 27-28.

Car souvenez-vous des mots de Jean-Paul II : « *La charge d'enseigner, de sanctifier et de gouverner les fidèles est exclusivement réservée aux hommes.* »
Et voilà, c'est comme ça, circulez !

Marie, pardonne-leur, ils ne savent pas ce qu'ils font de toi

Ah, Marie, l'argument préféré de ceux qui nient la misogynie dans le catholicisme !

Leur argument est le suivant : le catholicisme ne peut pas être misogyne puisqu'il a mis une femme au centre de sa dévotion. Eh bien parlons-en, de cette femme.

Marie de Nazareth, une jeune fille pieuse, connaissant l'Écriture, sachant les psaumes, une belle enfant, bientôt une jeune femme. Elle est promise en mariage à Joseph, le charpentier, un type bien, un homme juste. Écoutons la sobriété de l'Évangile de Matthieu : « *Or, avant qu'ils eussent mené vie commune, elle se trouva enceinte par le fait de l'Esprit Saint.* » Joseph hésite : peut-il assumer la paternité de cet enfant ? Un songe le rassure : « *Il prit chez lui sa femme ; et il ne la connut pas jusqu'au jour où elle enfanta un fils, et il l'appela du nom de Jésus[1].* »

Luc dans son Évangile « en fait », disons, un peu plus, mais à peine. Admirable sobriété en un monde où les récits de naissance de héros ruisselaient de manifestations surnaturelles.

Des trente premières années de Jésus, nous ne savons quasiment rien sinon la fugue au temple de Jérusalem à douze ans. Quand Jésus commence ce qu'on nomme sa vie publique, Marie de Nazareth doit avoir environ

---

1. Matthieu 1, 18-25.

quarante-cinq ans. On la suppose veuve puisqu'il n'est plus question du père de Jésus, sinon pour rappeler qu'il est charpentier. Marie fait quelques brèves apparitions dans le cours des Évangiles. À la noce de Cana dans l'Évangile de Jean, où elle est la première à croire à la mission de Jésus[1]. Dans les autres Évangiles, on la voit à la tête d'une sorte de « commando familial » qui tente en vain de ramener Jésus à la maison avant qu'il ne soit trop tard. Et quand il est trop tard, l'Évangile de Jean la place debout, près de la croix. Une dernière fois, sa présence sera signalée juste après l'Ascension, à Jérusalem, avec les apôtres et d'autres femmes[2].

Et c'est tout. Quelle discrétion! Quelle simplicité!

Et puis, il y a la figure de la femme de l'Apocalypse de Jean. Alors là, plus question de discrétion ou de simplicité : *« Un signe grandiose apparut au ciel : une Femme! Le soleil l'enveloppe, la lune est sous ses pieds et douze étoiles couronnent sa tête; elle est enceinte et crie dans les douleurs et le travail de l'enfantement[3]. »*

On t'y a reconnue, Marie, et nos petits esprits amateurs de grandiloquence et d'effets spéciaux s'en sont donné à cœur joie.

De siècle en siècle, toi, la petite Marie de Nazareth, tu es devenue « La Très Sainte Vierge Marie, Mère de Dieu, Porte du Ciel, Étoile du Matin, Nouvelle Ève, Arche

---

1. Jean 2, 1-12. Alors que les invités vont manquer de vin, elle ordonne aux serviteurs d'obéir à son fils. Les serviteurs emplissent d'eau six grandes jarres qui servaient aux ablutions rituelles, et lorsqu'on y puise, elles se révèlent pleines d'excellent vin. La fête peut continuer.
2. Actes des Apôtres 1, 13.
3. Apocalypse 12. Bizarre d'ailleurs que l'Immaculée Conception (Marie conçue sans péché) soit reconnue dans la figure de la femme qui enfante dans la douleur... Douleur qui, si l'on en croit le livre de la Genèse, est une conséquence du péché!

d'Alliance, Trône de Sagesse, Reine des Anges... », sans oublier que tu es aussi l'« Immaculée Conception ».

Qu'est-ce que les femmes, les vraies femmes, de chair et d'os, peuvent faire avec une telle figure ? Quand tu es Marie, la mère de Jésus, qui accueille cet enfant en émerveillement et en silence, qui panique quand elle le perd à douze ans, qui a peur pour lui à trente ans, qui a le cœur transpercé au pied de la croix, oui, tu es une femme humaine. Oui, tu es un modèle d'humanité.

Mais l'éternelle Vierge Mère, dont on a fait disparaître l'époux alors que, pourtant, il semble que Dieu avait bien pris soin de donner à son fils un père et une mère, n'est pas une vraie femme. C'est une ornementation, une sorte d'enluminure dévotionelle.

Comparées à cette figure, les vraies femmes, celles qui sont vierges ou mères ou ni l'une ni l'autre, sont de vilaines crapauds qui ne deviendront jamais des princesses. Et si l'on fait croire aux hommes que la Vierge Mère est un idéal féminin, ils courent à de cruelles désillusions.

Non, Marie, courageuse fille d'Israël, modèle de réalisme et de confiance, jeune vierge disposée à l'Esprit. Marie, vraie femme au cœur de mère, Marie, notre sœur aînée dans la foi, pardonne-nous de t'avoir transformée en meringue blanche et évanescente. Mais tu sais, ce sont surtout des hommes qui t'ont fait ça. Tu les connais, ils ont souvent un cœur de petit enfant apeuré, alors ils se sont fabriqué une maman parfaite et idéale, une sorte de grand « doudou[1] » rassurant. Pardonne-leur, pardonne-nous, tu sais c'est difficile de devenir grands.

---

1. Doudou : objet transitionnel – nounours, lapin, morceau de chiffon – qui aide l'enfant à « gérer » la séparation avec sa mère.

Un petit club masculin, une Église hémiplégique

Notre expérience du Comité de la jupe est une prise de conscience. Tout ce qui vient d'être exposé, nous le savions, mais nous n'avions pas complètement pris conscience que la situation faite aux femmes était exemplaire du dysfonctionnement d'une Église exclusivement cléricale, célibataire et masculine, qu'elle était le symptôme d'un enfermement. Nous avons parlé plus haut de contre-culture, il faut s'en expliquer.

Aujourd'hui, ce terme est porté comme une oriflamme par certains défenseurs du catholicisme qui l'invoquent pour expliquer pourquoi l'Église, ses responsables, et en tout premier lieu le pape, ne sont pas compris par nos sociétés. Ce serait parce qu'ils représentent une sorte de bastion irréductible qui ne se rangerait pas aux positions communes « politiquement correctes ».

Si être une contre-culture, c'est défendre les plus petits, les plus pauvres, c'est se dresser contre un capitalisme arrogant, un matérialisme impitoyable, si c'est pointer l'égoïsme des populations riches, leur honteuse imprévoyance vis-à-vis de l'avenir, si c'est condamner le gâchis des ressources naturelles, si c'est dénoncer les atteintes à la dignité des personnes partout dans le monde, d'accord. Mais il faut le faire vraiment en jetant toute son autorité dans la balance, sans craindre de déplaire ni aux États ni aux lobbies de l'argent.

Si la parole officielle de l'Église était vraiment celle-là, elle serait entendue, respectée. Mais que voit-on ? En matière de contre-culture, on voit surtout un petit club de vieux messieurs en robe longue, processionnant avec componction sous les lambris, les coupoles et les ors. Et quand ces messieurs célibataires parlent, ils disent aux gens comment vivre en famille, comment aimer sa femme, son mari, comment se comporter dans sa chambre à coucher. Oh, diront les défenseurs, mais ils parlent aussi des équilibres mondiaux et le pape a écrit une très belle encyclique, ce sont les médias qui...

Les médias! La faute des médias. Mais enfin, depuis le temps, on les connaît, les médias, on a compris comment ils fonctionnent! N'importe qui sait qu'il faut avoir des stratégies de communication.

Mais les responsables romains sont au-dessus de ça, ils ne vont pas se plier aux règles de la communication moderne. Ils préfèrent s'autocongratuler en commentant encore une fois saint Thomas d'Aquin.

Oui ce petit club, plus fermé qu'un club londonien, nous met en colère. Ces hommes si éloignés du « monde réel », qui n'ont jamais vu fonctionner une entreprise de près, qui ne savent pas ce qu'est le chômage, qui ne paient pas d'impôts, qui n'ont pas d'enfants malades qui pleurent la nuit, pas de femmes pour les aimer, les soutenir, les consoler, et aussi de temps en temps, se moquer d'eux, pas d'ados pour leur dire qu'ils sont vraiment trop ringards, ces messieurs à qui l'on ne s'adresse qu'avec déférence, à qui personne ne dit jamais leurs quatre vérités, ces hommes qui parlent mais qui écoutent si peu, ces hommes qui ont tant de réponses et si peu de questions, ces hommes qui font fonctionner le système comme de bons fonctionnaires, ces hommes qui vérifient l'exactitude de ce qu'ils disent en fouillant dans le passé, qui n'imaginent l'avenir que ressemblant à ce qu'ils ont déjà connu, ces hommes, comment l'écrire sans pleurer, enfouissent le trésor de l'Évangile au fond d'un tombeau.

Cette réalité, nous la connaissions, mais nous voulions l'oublier, et quand nos yeux se sont décillés, elle nous est apparue dans une lumière si crue qu'il ne nous était plus possible de ne rien faire.

Mise au point sur le sacerdoce féminin

À l'issue de ces propos, on supposera bien sûr que nous sommes pour l'ordination de femmes prêtres.

Les choses sont plus compliquées qu'il n'y paraît.

Tout d'abord, certes l'accession des femmes à l'ordination presbytérale et à l'épiscopat introduirait des femmes dans le dispositif, et ce serait bien sûr un bénéfice. La tête de l'Église ne serait plus exclusivement masculine. Cependant demeurerait, si rien d'autre n'était modifié, une structure de pouvoir exclusivement cléricale dans lequel les honnêtes fidèles du Christ, baptisés et confirmés, chrétiens adultes et responsables, ne participeraient pas davantage au gouvernement de LEUR Église.

D'autre part, la situation des prêtres aujourd'hui, leur rôle, leur mode de vie sont en question. Il faudrait être aveugle et sourd (ce qui semble être, hélas, le cas de tant de responsables catholiques) pour ne pas voir que les difficultés actuelles de recrutement des prêtres dans les pays d'ancienne chrétienté tiennent à une incompréhension grave de leur rôle. Contrairement à ce qu'on dit communément sur l'égoïsme des jeunes générations, il ne manque pas de jeunes gens croyants, généreux, prêts à une aventure humaine et spirituelle exceptionnelle. Mais il se trouvera peu de « kamikazes » prêts à être le dernier bataillon qu'une institution vieillissante et quasi moribonde, sans vision d'avenir, jette désespérément dans une vaine bataille. Dans ces conditions, il serait tragique qu'on finisse par recruter des femmes « à défaut » de trouver des hommes !

Ces propos sont des arguments d'opportunité. Il n'est pas temps d'ordonner des femmes prêtres, nous n'y sommes pas favorables dans les circonstances actuelles. D'autre part, la fragilité de l'institution, secouée, tiraillée, soumise à la peur, nous conduirait sans aucun doute à un ou des schismes si une telle décision était prise sans précautions, sans adaptations, et sans le consentement des communautés.

Reste la question théorique, d'aucuns diront théologique : est-il possible d'ordonner des femmes? Le pape Jean-Paul II a répondu très fermement « non[1] », invoquant des arguments de Tradition. Il n'a pas formellement invoqué le caractère de l'infaillibilité, au sens strict et juridique du terme, selon les définitions qu'en a donné le concile de Vatican I, mais dans le commentaire de la Congrégation pour la Doctrine de la Foi[2] a été subtilement glissé le mot « infaillible ». Formellement, le texte pontifical n'a pas un caractère infaillible, mais toute

---

1. 1994, *Ordinatio Sacerdotalis*.
2. Oui, c'était bien Joseph Ratzinger qui était à sa tête. Il a signé le document.

l'autorité du Saint-Siège a été jetée dans la « bataille[1] » pour éradiquer définitivement la question. Puisqu'on joue avec les mots, prenons-nous au jeu!

D'autres, bien mieux que nous, ont débattu de la question, nous allons essayer de la résumer en quelques mots. Le premier argument est que le Christ n'ayant choisi pour l'entourer que des hommes, il faudrait continuer à ne recruter que des hommes. Or, le Christ a en effet choisi 12 hommes juifs pour constituer le premier noyau de l'annonce de sa résurrection et du Salut. Ces 12 Juifs représentent les 12 fils de Jacob, à l'origine des 12 tribus d'Israël qui forment le peuple que Dieu choisit pour recevoir sa Loi et avec lequel il conclut une alliance, la Première Alliance.

Le Christ scelle par le don de sa vie une nouvelle alliance, définitive, et donne naissance à un nouveau peuple qui sera une multitude. Les « Douze » représentent le noyau de ce nouveau peuple. Les chrétiens ont rapidement multiplié le nombre de ceux qui succédaient aux douze premiers. Ces successeurs des apôtres[2] sont les évêques, lesquels appellent des collaborateurs qui sont les prêtres. Il y a bien longtemps qu'ils sont plus de 12 (environ 5 000 évêques aujourd'hui à travers le monde) et qu'ils ne sont plus juifs. En revanche, ils sont demeurés « hommes ».

Pourquoi? Tout simplement parce que pendant des siècles, il ne vint à l'idée de personne de penser que des

---

1. En juillet 2010, on enfonce encore le clou lors de la révision des sanctions appliquées aux actes les plus graves, *Delicta graviora.* On apprend ainsi que concourir à l'ordination d'une femme constitue un crime au moins aussi abominable que des actes de pédophilie commis par un prêtre.
2. On trouvera page 171 notre réflexion sur la succession apostolique.

femmes (ces êtres de faiblesse) puissent succéder à des hommes.

Il n'y a, en la matière, pas d'argument de tradition, puisqu'il n'y a jamais eu de débat sérieux sur ce point jusqu'à ces récentes années.

C'est tout récemment qu'il a fallu imaginer des arguments autres que la faiblesse de nature. L'argument invoqué aujourd'hui est que le prêtre, étant en figure du Christ, il faut qu'il soit homme (masculin) pour être : *« icône » de son visage de Pasteur* [du Christ] *et d'époux de l'Église.*

Argument étrange s'il en est. La tradition la plus assurée de l'Église indique que le Christ a récapitulé en lui toute l'humanité afin qu'en lui, elle soit sauvée. N'aurait-il pas incarné l'humanité des femmes ? Les femmes ne seraient-elles pas sauvées ? Mais s'il a incarné aussi la part féminine de l'humanité, alors pourquoi une femme ne pourrait-elle pas être tout autant qualifiée que les hommes pour être icône du Christ ?

Saint Paul était moins « regardant », lui qui pourtant ne peut être soupçonné de féminisme. Dans la lettre aux Romains, il fait mémoire de deux apôtres, Andronicus et Junias [1], qui sont un homme et une femme !

Et sous la plume de Paul, un tel terme n'est ni un accident ni une impropriété.

En conclusion, il ne nous semble pas opportun d'ordonner des femmes maintenant. Mais bien que nous ne le demandions pas, nous soutenons fermement que rien ne s'y oppose, sinon une tradition de pensée exclusivement masculine.

---

1. *« Saluez Andronicus et Junias, mes parents et mes compagnons de captivité : ce sont des apôtres marquants qui m'ont précédé dans le Christ »* (Épître aux Romains 16, 7).

Et des femmes diacres ?

C'est une question qu'on nous pose souvent. Ne devrait-on pas d'abord ordonner des femmes diacres ? Il est vrai que l'affaire semble plus simple. D'autant plus qu'on trouve des diaconesses, de nouveau sous la plume de saint Paul, toujours dans l'épître aux Romains : « *Je vous recommande Phébée, notre sœur, diaconesse de l'Église de Cenchrées : offrez-lui dans le Seigneur un accueil digne des saints, et assistez-la en toute affaire où elle aurait besoin de vous ; aussi bien fut-elle une protectrice pour nombre de chrétiens et pour moi-même*[1]. » Le doute n'est pas permis, il y a bien une femme en situation de responsabilité, reconnue et distinguée formellement par Paul.

Alors pourquoi pas ?

On notera avec intérêt que le pape Benoît XVI a fait une petite mise au point théologique à propos du diaconat, par un *motu proprio*[2] dans lequel il a précisé que les diacres ne sont pas en figure du Christ-tête, comme les prêtres et les évêques, mais du Corps du Christ. Une précision théologique qui laisse les théologiens un peu circonspects, mais qui pourrait lever sur le diaconat l'argument énoncé par Jean-Paul II qui voudrait qu'il faille être homme pour être icône du Christ-tête. Après tout, le Corps du Christ, c'est l'Église, figure traditionnellement féminine, alors pourquoi pas des femmes pour l'incarner ?

---

1. Épître Romains 16, 1-2.
2. *Omnium in Mentem*, 26 octobre 2009.

Au diaconat des femmes, on objectera à raison qu'encore une fois, c'est dans un rôle de service[1] que seraient enfermées les femmes. Mais après tout, le Christ lui-même au soir de sa mort a ceint le tablier de serviteur pour laver les pieds de ses apôtres. Qui refuserait de s'agenouiller aux pieds de l'humanité comme le Christ le fit?

Pour conclure, en dehors des arguments théologiques et spirituels, la meilleure raison est peut-être pédagogique. Si des femmes entraient dans l'ordre des diacres, et que revêtues de l'aube et de l'étole, elles prenaient part au service liturgique, si elles célébraient les mariages et les baptêmes, alors, sans doute, quelque chose changerait radicalement dans la façon qu'aurait l'Église de se comprendre elle-même dans sa richesse humaine profonde, celle d'être faite d'hommes et de femmes, tous équivalemment revêtus de la dignité de filles et de fils de Dieu.

---

1. Diaconat, en grec, signifie « service ».

3

Sale hiver au Vatican!

Premières alertes

L ES circonstances ont voulu que moins de deux mois après notre plainte, une crise grave secoue l'Église. L'épicentre du séisme était à Rome, initiateur des décisions, mais les ondes se sont vite propagées et ont ouvert dans l'Église une faille profonde : d'un côté se mobilisait le parti du soutien au magistère, de l'autre celui des réprobateurs, auxquels se joignait à peu près toute la société civile.

Très vite, nous avons établi un lien entre les propos de Mgr Vingt-Trois sur les femmes et ceux du pape pendant la crise. Tous montraient un visage de l'Église problématique, non seulement au regard de notre société, mais aussi parce qu'ils étaient contraires à l'Évangile. Pour nous, le premier indice du séisme était bien ces propos anachroniques et injurieux pour les femmes.

La tempête des annonces de l'hiver 2009 avait beau paraître, aux yeux de l'opinion, survenir dans un ciel serein, elle a d'abord ravivé en nous la mémoire de ce qui avait eu lieu avant, qui nous avait choquées et interpellées

sans que nous puissions alors en imaginer les prolonge-
ments.

Nous nous sommes donc souvenues.

Puisque Rome avait pris l'initiative, il fallait regarder
vers Rome. Beaucoup de choses ont été dites sur le cardinal Joseph Ratzinger depuis son élection, en 2005. Nul
n'ignorait que le nouveau pape portait les couleurs d'un
courant restaurateur, défensif, identitaire[1], dont les
thèmes de prédilection étaient la morale, la liturgie et la
prise de distance avec le monde. Quant à l'image de
l'homme, les premières années de pontificat avaient ajouté
celle d'un esprit fin, érudit, courtois, mais d'un pape au
charisme pastoral pauvre.

Parmi les nombreux indices qui composent ce portrait
et dessinent la ligne vaticane, nous n'en garderons qu'un,
rarement souligné par les observateurs. Il s'agit de la
nomination de l'ambassadeur de France au Vatican,
retardée pendant presque toute l'année 2008 – à la
demande du Vatican – parce que le premier candidat était
divorcé, puis le second homosexuel. Cette exigence
morale qui mettait bien en valeur la « hauteur de vue »
chrétienne laissait cependant apparaître une faille : elle
signait la prépondérance du qu'en-dira-t-on sur l'annonce
évangélique. Or, pour qui Jésus était-il venu, sinon pour
les pécheurs ? À une institution qui a toujours finement
distingué le péché du pécheur, comment ne pas rappeler
que, dans cette circonstance, elle assimilait l'ambassadeur

---

1. Dès 1985, lors du synode des évêques à Rome, célébrant le vingtième
anniversaire de la fin du concile, le cardinal Ratzinger se prononçait clairement pour un coup d'arrêt et même un « rétro-pédalage » par rapport au
mouvement que le concile avait initié. C'est en particulier sur « l'Église Peuple
de Dieu » qu'il faisait le plus visible retour en arrière !

à son « péché » et elle faisait du pape le dispensateur de la norme, aux dépens du propagateur de la Bonne Nouvelle? La morale évangélique n'est-elle pas à nulle autre pareille pour la raison précise qu'elle n'impose pas de code préalable, mais qu'elle est la résultante d'un amour dispensé?

Mais, plus que cet indice, un événement majeur, déjà, avait sonné l'alerte. Il était lourd de conséquences. Il s'agit du *motu proprio* pontifical de juillet 2007[1], qui autorisait la liturgie selon le rite « extraordinaire ». Un double régime devenait alors admis, entre la messe dite de Paul VI, fruit d'une décision conciliaire, qui très rapidement fut célébrée dans la langue du peuple[2], et l'autre, en latin, dont la forme fixée au concile de Trente est promulguée par le pape Pie V en 1570[3]. Sur le moment, les mises en garde et les réactions négatives n'avaient pas été nombreuses. Étonnant qu'une décision aussi grave n'en suscite pas davantage! Sans doute beaucoup de catholiques ont dû se dire qu'ils devaient se tromper, mal comprendre, que la cause devait être plus limitée qu'ils ne le pensaient puisque les évêques ne s'y opposaient pas de toutes leurs forces. Et comment imaginer sérieusement que cette incohérence, ce risque de division, cette brèche dans la communion de l'Église puisse venir du pape lui-même? Si l'on avait le goût du scénario ou si l'on rêvait de l'accord parfait, on y lisait une « ruse », une stratégie pour garantir la communion entre tous les

---

1. *Summorum pontificum.*
2. Il existe bien sûr une version latine de la messe dite de Paul VI, parfois célébrée lors de grands rassemblements internationaux.
3. Le rite de la messe dite de saint Pie V a connu ses dernières modifications sous le pontificat de Jean XXIII.

catholiques. Comme beaucoup, à ce moment-là, nous avions mis Cassandre dans notre poche et décidé de faire confiance.

Les évêques intégristes, ou la réouverture de la boîte de Pandore

Par contre, deux ans plus tard, en janvier 2009, à l'annonce de la levée des excommunications des quatre évêques de la Fraternité Saint-Pie V, notre candeur avait fondu. Nous avions, du temps de Jean-Paul II, souscrit à l'excommunication de Mgr Lefebvre et de ceux qui le soutenaient. Ces courants sont manifestement les épigones de l'Action française et le Dieu qu'ils honorent est fort éloigné de celui des Évangiles. Rares sont les moments où ses adeptes s'inclinent devant le Christ pauvre et pendu au bois, bien plus nombreux ceux où ils attendent de l'Église visibilité, puissance, autorité.

En outre, le religieux attire et abrite souvent des désordres psychiques. Les discours de haine raciale ou communautaire cachent souvent une terrible haine de soi-même. Il est légitime que l'institution essaie de réintégrer, membre par membre, de tels égarés. Si elle les laisse à part constituer des groupuscules incontrôlés, et les laisse surenchérir de violence et amplifier, en vase clos, tous les fantasmes de mort dont ils sont affectés, elle ne fait que décupler les effets négatifs. Et il ne faut pas être dupes : les motivations profondes de ces mouvements sont davantage politiques que religieuses.

C'est pour toutes ces raisons qu'il nous semblait que le pape avait ouvert la boîte de Pandore… Cette erreur serait très difficile à réparer…

Nous fûmes nombreux dans l'Église à comprendre alors que ce geste n'était ni un hasard, ni un faux pas, mais une étape dans une politique délibérée de restauration aux dépens des grandes options de Vatican II. En tout cas, ce premier tremblement de terre nous valut, au Comité de la jupe dont le blog venait d'être créé, un abondant courrier et des ralliements rapides. Ne voyant pas encore en quoi notre action de vigilance au sujet de la dignité des femmes était directement concernée par cette affaire, nous n'avons pas cherché à prendre la parole sur ce sujet.

La fillette de Recife : quand la loi devient un monstre

Même si l'amorce de la réintégration des évêques était une décision lourde de conséquences pour toute l'Église, et si l'affaire de Recife[1] qui a suivi, au mois de février, l'était apparemment moins, elle a cependant embrasé les cent à deux cents personnes qui avaient alors rejoint le Comité de la jupe. Nous avons découvert là le plus vilain de notre Église, ce que nous croyions disparu pour toujours : le mépris d'une vie d'enfant violée par son beau-père, une connivence manifeste avec l'homme, pourtant violeur, la condamnation de la vraie victime, la fillette, la

---

1. L'archevêque de Recife avait justifié l'excommunication de fait (*latae sentenciae*) à l'égard d'une mère et d'une équipe médicale qui avaient procédé à l'avortement d'une grossesse gemellaire sur une petite fille de neuf ans violée par son beau-père.

mainmise des clercs sur le corps des femmes, le juridisme le plus aveugle et le plus exacerbé. Tout cela tordait tellement la parole de Jésus sur le sabbat que son contraire devenait la règle : c'était l'homme qui devenait fait pour le sabbat, c'est-à-dire la Loi. La tyrannie de cette dernière, portée par certains hommes de l'institution, était là, à nu, étalée sur la scène publique, implacable et incroyablement destructrice.

Nous nous sommes un peu réconfortées avec les prises de position courageuses de certains évêques, Mgrs Grallet, Daucourt, Deniau... et à Rome l'intervention de Mgr Fisichella. Mais il devenait évident que notre action au Comité de la jupe devait désormais se prolonger par une prise de parole publique : la place et la considération données aux femmes par l'Église étaient en jeu. Christine a alors écrit une belle page pour *Libération* qui fit pas mal de bruit. Au moins, hors du monde catholique, on saurait désormais que tous les catholiques n'approuvaient pas de telles monstruosités. Les courriers et commentaires sur notre blog affluaient. Nous commencions à être repérées. *Libération*, dans un portrait de dernière page, nous avait baptisées : « Pétroleuses cathos ». Petit à petit, nous prîmes conscience que nous devions « tenir une veille ». Le mot nous reste, car l'obligation vaut encore, elle évoque le malade et celui qui le veille. Et notre Église, en ces semaines, a véritablement déclaré une maladie qui couvait de longue date.

Cette attitude que nous venions ainsi d'adopter fut décisive pour notre compréhension des choses. Elle l'est d'ailleurs aussi pour chaque catholique. Aucun catholique ne peut se contenter de rester un observateur extérieur et, si possible, objectif. S'il se sait « dans l'Église », s'il n'oublie pas que l'Église, c'est lui, il aura à vivre de l'intérieur ce qui arrive. Il devra d'abord déterminer, en son âme et conscience, quelle est son opinion et en quel lieu de son Église elle le place. Voilà le premier, le vrai geste de responsabilité baptismale qu'à un moment ou à un autre, la vie chrétienne amène à poser. Pour nous, l'ancrage se fit en ces jours de février où nous choisîmes résolument de veiller au maintien d'un catholicisme à la fois critique et ouvert.

Cela nous valut de surprendre nos amis. On nous regarda bizarrement : qu'est-ce qui nous arrivait ? Jusqu'où irions-nous ? Or, ce qui pouvait simplement passer pour un acte insolite, ou de résistance, était indirectement beaucoup plus, c'était notre confession de foi. Si nous disions « non », c'était au nom de notre foi assumée, vivante, qui nous empêchait de cautionner l'inadmissible. Et par cette prise de position publique, nous prenions davantage place dans l'Église, en son cœur même, comme tout chrétien qui confesse sa foi doit le ressentir. L'une des conséquences de cette prise de position publique est de se sentir plus encore « de l'Église ». Toute parole engage, radicalement. Évanouie alors la tentation de camper aux frontières, ou même de partir, comme l'ont fait tant de catholiques depuis deux générations. Impossible de s'en aller, sauf – ce qui peut arriver – en ayant perdu tout espoir de persuader ou d'être entendu. Le théologien Hans Küng disait lors de la conférence de presse qu'il a donnée à l'occasion de la sortie du second tome de ses *Mémoires*[1] : « *Je n'ai pas à rougir de ce que j'ai fait. Je suis toujours catholique, toujours prêtre, toujours dans*

---

1. Hans Küng, *Mémoires*, tome II, Éditions du Cerf, 2009.

l'Église. » Ayant, dans ces moments-là, éprouvé que
« notre parole nous obligeait », nous en avons synthétisé
l'expérience dans la formule qui nous est alors venue et à
laquelle nous sommes très attachées, même si nous voyons
bien qu'elle nous tient plus que nous ne la tenons : « Ni
partir ni nous taire. »

En ces circonstances difficiles, nous avions refusé le
silence. Ce geste que certains ont pris pour une transgres-
sion est le moment très particulier où nous sommes devenues responsables, actrices, comme tout catholique
pourrait l'être ou l'est déjà. Cette parole nous a offert
notre appartenance adulte à l'Église.

La perception du corps ecclésial, de sa réalité presque
charnelle change, dans ces moments-là. « On est tous
embarqués », dit-on volontiers. Oui, la barque de Pierre,
nous y étions, et c'était pour le gros temps…

Grande tornade pour un tout petit préservatif

L'affaire du préservatif, ouverte par le pape dans l'avion
qui le menait en Afrique, disait cet étrange besoin de certains clercs de s'immiscer dans les relations intimes d'un
couple. Là, le grotesque était atteint. Non seulement nous
fûmes peinées que « notre » pape dépense son crédit
médiatique sur un sujet assez éloigné de sa mission
d'annonce de l'Évangile – imaginez-vous Jésus évoquant
avec la Samaritaine ses méthodes contraceptives ? –, mais
nous comprîmes bientôt que ce n'était ni une malveillance
médiatique, ni une simple « erreur de com ». C'était un
geste pensé, préparé, voulu : la résurgence de la mainmise

morale que l'Église entend exercer, alors que sa priorité est d'annoncer l'Évangile, et que « savoir ce qu'il convient de faire » dans des situations concrètes est la responsabilité directe de ceux qui ont entendu l'appel du Christ à le suivre. La lutte contre le sida ne se résume bien entendu pas à des campagnes en faveur du préservatif et si en répondant à la question Benoît XVI l'avait simplement et clairement affirmé, il n'y aurait eu aucun scandale.

Avec cette troisième « affaire », après l'erreur politique, après la monstruosité du légalisme, voilà, pour remplir la coupe, l'insupportable décalage avec la réalité de la vie de nos sociétés. Largement étalé dans les colonnes du *Monde*, il se donnait à voir dans le tollé des médecins qui soignent les sidéens. Quel fossé entre le monde réel et l'Église!

Il était pour nous plus que temps de signifier, d'une part notre ras-le-bol devant l'intrusion magistérielle dans la vie sexuelle, d'autre part notre réprobation sur l'aveuglement du Vatican en matière de prévention du sida.

Oui, que les clercs admettent enfin qu'ils n'ont pas à tenir la chandelle dans la chambre des couples. Ils n'y connaissent rien, et en parlant ils ne font que manifester un intérêt aussi trouble qu'inconvenant dans un domaine pour lequel ils sont réputés sans expérience.

« Que le pape, que les évêques sortent de la chambre à coucher des gens. Qu'ils nous fassent confiance ! » fut la réplique d'Anne en direct à France Info ou sur le plateau de LCI. Petit à petit, notre conviction se faisait et se disait sans fard. Les discours contournés de beaucoup de catholiques, donnant crédit à la déformation médiatique, faisant du pape une victime de l'incompréhension, ou vantant les nombreuses actions en faveur des sidéens opérées par l'Église en Afrique, ne nous atteignaient pas. De preux chevaliers se mirent à soutenir le pape, lui dessinant une silhouette de victime de la désinformation des médias, de pieux pénitents lui « offrirent leur carême » en expiation des crimes médiatiques. Sur le fond, leurs arguments furent cependant légers. Croyaient-ils qu'ils allaient noyer l'incongruité du discours pontifical avec de si pitoyables défenses?

La foi sur un abîme

Quelques semaines plus tard, les « prolongations » jouées par Mgr Fort sur la porosité du préservatif – il laisserait passer le virus du sida – ont transformé les failles en abîme. Et nous en avons cependant peut-être plus souffert encore que des autres affaires, car cette incongruité a creusé encore cette fracture ancienne sur laquelle nous savons que nous sommes inconfortablement installés depuis longtemps, celle qui empêche le discours religieux et le discours scientifique, et même le discours responsable des médecins ou des politiques, de se comprendre.

Faut-il renoncer à la plus élémentaire rigueur, à tout esprit d'analyse pour être catholique? Se laisser diviser entre un « moi » qui croit et un « moi » qui sait? Ce refus de penser ensemble la foi et la rationalité scientifique, malgré les innombrables discours convenus sur le sujet, est l'une des causes de la désaffection actuelle envers l'Église. Le catholique est contraint par son magistère à subir un insupportable clivage.

Il faut le dire haut et clair, c'est un signe de santé mentale que de dire non, de refuser ce clivage qui plonge dans l'obscurantisme et conduit à la marginalisation sociale. C'est un fardeau trop lourd, inhumain, comparable à celui que Jésus dénonçait lorsqu'il s'emportait contre les Pharisiens.

Pourquoi le magistère place-t-il ses fidèles devant un tel choix, intelligence ou obéissance ? Par paresse ? Par peur ? Par manque de curiosité intellectuelle ?

On peut être tenté de fuir et prétendre se tenir en dehors, dans un monde qui serait le vrai, le bon, le seul. C'est une illusion : la complexité est le lot de la modernité et la décision morale devient, elle aussi, complexe. Il n'y a d'autre solution que d'apprendre à faire face, lucidement. Mais ce n'est pas ce que nous avons vu !

Pendant les jours qui ont suivi ces propos, nous avons espéré un démenti de la part de la Conférence des Évêques de France – on ne peut tout de même pas laisser dire de telles sornettes ! Mais en vain. Rien n'est venu, au nom du principe selon lequel un évêque est maître en son diocèse. Principe d'un autre âge, lourd d'inconséquences, qui préfère voir partir des fidèles du Christ plutôt que de désavouer un évêque... Étrange conception de la vérité scientifique, autre à Orléans qu'à Besançon.

Pendant ces trois mois, quelques rares voix autorisées osèrent un jugement distancé et critique. Mgr Di Falco, en février, souligna le défaut de communication du Vatican, tandis qu'en mars, à Lourdes, Mgr Vingt-Trois regrettait la faible collégialité du gouvernement de l'Église.

Mais ceux à qui nous devons dire aussi merci, au terme de ces mois de folie, sont Mme Merkel, M. Juppé et les scientifiques de tout bord qui demandèrent au pape davantage de discernement. En même temps, il ne nous a pas échappé qu'aux injonctions de la chancelière allemande, le pape avait prêté l'oreille, alors qu'aux doléances répétées des catholiques, il était resté sourd. Dommage… Que vaut, à ses yeux, la parole du peuple ? Existe-t-il encore pour lui un peuple dans l'Église ?

La préférence pour l'Évangile

Au terme de ces affaires, Pâques survint. Comment ne pas entrevoir que notre Église était « grosse » d'une Pâque ? La liturgie de ces grands jours, si humainement sublime, donnait son sens à ce qui arrivait. Il fallait que notre Église passe la Mer, comme jadis les Hébreux l'avaient traversée. Il fallait aussi qu'une certaine structure, non seulement inadaptée mais contre-productive, dévitalisante, mortelle même, accepte de mourir. L'Église entière devait vivre une Pâque, un passage. Et de toutes ses forces, une part d'elle-même regimbait. Les arguments, en de telles circonstances, sont bien connus : ils consistent à contester ou à minorer le diagnostic – c'est une simple crise de communication –, à en appeler à l'autorité de l'Évangile – la Parabole du fils prodigue a été utilisée, ou plutôt « tordue » pour justifier la levée d'excommunication des évêques intégristes –, à jouer la victimisation – ce qu'a fait le pape dans sa lettre aux évêques –, à adopter des stratégies défensives pour éviter d'avancer sur la voie du changement. Tout cela faisait sans doute plus de bruit dans les médias catholiques que l'urgence et les modalités du passage…

Devant cette sorte de panique, nous n'étions ni sur-
prises ni submergées de peur. Depuis longtemps, nous
étions installées inconfortablement sur cette fracture
entre l'Église et le monde moderne, et surtout convain-
cues de l'éternelle nouveauté de l'Évangile. L'épisode de
la jupe, même s'il paraît, à tort, anecdotique, ouvre
selon nous la période de turbulences parce qu'il signe à la
fois la faillite d'une institution qui méprise les femmes et
la saine réaction de la base. Il nous avait bien confirmées
dans notre distinction entre le message évangélique et ses
émetteurs habituels, prêtres, évêques, pape. Depuis longtemps, nous avions mis l'Évangile bien au-dessus. Que
nous sachions l'Église institutionnelle faillible ne nous a
pas empêchées de lui être fidèles, pécheresses que nous
sommes, nous aussi, avec elle. Mais lorsque l'Évangile
risque d'être dénaturé par une structure malade, la fidélité
est, justement, de regarder loin et de se mettre en sûreté
sous ses ailes. Cet acte de discernement, si difficile pour
beaucoup de catholiques, nous l'avions mûri dans les
mois précédents.

Naissance d'une opinion publique ?

Le paysage de notre Église, en France, changea cependant beaucoup pendant cette crise. À l'image de la prise
de parole qui fut la nôtre, la parole, en de multiples lieux,
se libéra. On commença à parler d'opinion publique dans
l'Église.

Deux codes de comportement s'opposaient. Une conception pyramidale, quasi militaire : au nom de l'harmonie

générale du corps, on obéit au « guide suprême » – le pape –, on ne communique pas directement, on respecte la hiérarchie…, donc on dit du mal de ceux qui disent du mal du pape, etc. Pas de voix propre, pas de questionnement personnel.

Ou bien une conception de type politique : on duplique ce qui se passe dans la sphère laïque, on construit une « opinion publique » selon les schémas habituels : accès aux moyens de communication, défense de la liberté de conscience, dénonciation des abus, pétition, occupation du terrain, lancement d'associations, mouvements divers, demande de retrait ou de démission de celui que l'on juge inapte. Critères clefs : la compétence et la représentativité.

Or, peut-être ni l'une ni l'autre de ces deux attitudes n'est-elle vraiment celle qui convient à l'Église, à la fois Corps du Christ et Peuple de Dieu[1]. À quelles conditions, dans quel cadre faire éclore et fructifier une opinion publique catholique ?

Le trouble extrême des catholiques est qu'ils appartiennent pour leur hémisphère cérébral « civil » à la seconde conception, et veulent rester, dans leur hémisphère « religieux », fidèles à la première, parce qu'ils la croient plus conforme au catholicisme. Le catholique français marqué par le règne de la laïcité à la française est un être clivé, autant dans son rapport à la science que dans son rapport à la vie publique. Nous en subissons tous aujourd'hui les conséquences : il y a une conversion profonde de

---

1. Ces images sont celles qui reviennent le plus souvent dans la constitution *Lumen Gentium* sur l'Église de Vatican II. Elles ne sont pas les seules. On appelle aussi l'Église le Temple de l'Esprit, la terre ou la vigne que Dieu cultive.

notre identité de fidèles du Christ, dans notre Église, à opérer : conversion de la dépendance à la responsabilité, de l'enfance à l'âge adulte. Et tant qu'elle n'est pas accomplie, nous sommes en proie aux remous, aux tensions, à des souffrances parfois insupportables, et à des risques réels de scission.

Contrairement à ce que soutiennent ceux que la paranoïa tient sous son empire, le discours médiatique n'a pas été haineux pendant ces mois agités. Nous l'avons plutôt trouvé embarrassé, même si la grosse farce a parfois pris le dessus et, après tout, c'est le pape qui l'a cherché. Il y a même, nous sommes prêtes à le parier, un regret caché sous nombre de plumes de journalistes. Regrets de voir ébranlée l'une des institutions morales de prix de notre société. Regrets de perdre cette expertise en droits de l'homme que la société aimerait voir l'Église assurer, même dans le cadre d'un pluralisme culturel et religieux [1].

Au lendemain du sinistre

Après la tempête, nous avons bien sûr cherché à savoir ce qui avait tenu et ce qui était tombé. A qui la crise a-t-elle nui? Qui en sort plus fort? Le flottement des évêques – lents à se décider, hypnotisés par le souci de « tout concilier », dramatiquement désunis – les met en position de perdants. Dans leur diocèse, ils ont dû faire face à des

---

1. On a bien vu d'ailleurs avec quelle bienveillance les grands médias nationaux ont relayé les inquiétudes des évêques à propos du traitement des Roms et des gens du voyage. Cette voix alarmée a été considérée comme légitime.

questions, des mises en cause ; quelques-uns ont été courageux, ont pris la parole en public, beaucoup ont rasé les
murs – « refus de communiquer » –, mais aucun ne s'est
ouvertement désolidarisé du pape.

Rome, depuis Jean-Paul II, a réduit le pouvoir des
conférences épiscopales nationales et patiemment sapé
leur fonction. Bien loin de chercher à écouter la demande
des communautés, le Vatican, par le type d'évêque qu'il
promeut et par la surveillance infantile qu'il exerce sur
eux, en fait des sortes de préfets « aux ordres ».

Surveillés jour après jour, risquant d'être obligés de
rendre compte des plus menus de leurs faits et gestes
– il faut bien que la délation serve à quelque chose ! –, les
évêques ne se sentent pas le droit à la parole. Il leur
aurait fallu beaucoup de courage et sans doute la force de
ne pas écouter cette petite voix qui leur murmurait à
l'oreille que s'ils osaient mettre leur démission sur la table,
des nominations plus intégristes suivraient et que le pire
serait là plus vite. Terrible de refaire Munich, et encore
Munich[1], sans parvenir à briser le cercle de la répétition… Le choix, celui qui vraiment comporte un renon-
cement, est le cercle de feu à traverser pour devenir libre
et avoir une parole entendue. La tragédie catholique du
moment est de devoir parler contre celui en qui on devrait
avoir la plus entière confiance…

En choisissant le Vatican contre leur communauté, les
évêques ont affaibli le lien avec ces dernières. Au prochain
avis de grand frais, les ouailles se blottiront-elles encore

---

1. À la suite des accords de Munich, en 1938, où Anglais et Français
avaient cédé devant Hitler, Winston Churchill, alors parlementaire anglais
déclarait : « *Vous avez voulu éviter la guerre en vous déshonorant. Vous aurez le
déshonneur et la guerre.* »

tout naturellement derrière eux? Le chemin de la désunion est ouvert, et l'exemple vient d'en haut. Beaucoup d'évêques sortent amers de cette crise, regrettant sans doute d'avoir trop longtemps gardé le silence, insatisfaits devant leur conscience, mal à l'aise devant leur peuple, privés d'une parole publique crédible, affaiblis devant les autorités civiles.

Par contre, s'organise une parole de « baptisés » [1]. Bien sûr, un immense travail est encore à faire pour que celle-ci soit claire, efficace, plurielle, signe de communion véritable. Les silences demeurent plus nombreux que les prises de parole. Religieux, prêtres, diacres, salariés d'un diocèse, d'une faculté catholique ou, à un moindre titre, d'un établissement d'enseignement confessionnel ont, pour des raisons évidentes, peine à prendre la parole. Mais en l'absence de contrainte institutionnelle ou professionnelle, les baptisés ont eu un vrai choix éthique à poser, et certains l'ont exercé avec force : allaient-ils obéir à leur conscience et parler, ou se taire? Ceux qui ont osé parler se sont vite trouvés complimentés pour leur « courage », alors même qu'ils trouvaient leur démarche tout à fait naturelle et spontanée, ce qui donne la mesure des entraves subies par beaucoup.

À la suite de ces trois crises, celle qui met à jour un évêque négationniste, celle qui dénie toute compassion envers une fillette abusée, et celle, enfin, qui montre une papauté obsédée par la question du préservatif au point d'en oublier que ce dernier sauve des vies, il semble que

---

1. C'est une autre façon de prendre la parole que celle qui a prévalu dans les années 70 ou le début des années 80, moins « politique », mais qui tranche par rapport au silence qu'avait imposé le charisme personnel et la puissance médiatique de Jean-Paul II.

s'inscrive aussi le discrédit dans l'opinion de la position intégriste ou même traditionaliste, tuée par la position négationniste. Dans les médias, après un flottement, un discernement s'est effectué à leur sujet. Et le capital de sympathie qui pouvait jusque-là accompagner ces élans de piété, cette nostalgie d'une chrétienté bien établie, d'une Église ayant pignon sur rue, toute cette sympathie a volé en éclats devant la suspicion raciste, la dérive juridisante, le pharisianisme manifeste. Les faits ont parlé, et parlé fort contre les dérives traditionalistes. Tout aura été dit sur ces prélats de pierre. Profil d'aigle, coupe militaire, regard d'acier tristement adouci – comme s'ils cherchaient encore une résiduelle tendresse – par les frous-frous blancs des dentelles et les lourdes tapisseries des chapes....

Après une telle charge, la parole traditionaliste a perdu son innocence[1].

---

1. Les récentes révélations de l'émission « Les Infiltrés », *À l'extrême droite du Père*, diffusée en avril 2010, sur les milieux traditionalistes et intégristes de Bordeaux, viennent encore, s'il en était besoin, d'en apporter la confirmation.

4

L'appel du printemps 2009

Une vocation ?

S'IL est une chose importante que nous a apprise la crise de l'hiver 2009, c'est que nous ne pouvions pas ne rien faire. Nous ne pouvions ni « attendre que ça passe », ni laisser à d'autres le soin de régler le problème.

Pourquoi sommes-nous entrées dans ce sentiment de responsabilité ?

C'est une question difficile parce qu'elle touche au plus intime de notre foi. Elle touche à la question de la vocation, c'est-à-dire au lieu secret du dialogue entre Dieu et l'être humain. À ce titre, chacune d'entre nous doit répondre pour son propre compte. Il y a, cependant, des éléments communs.

Dans une vocation, il y a plusieurs temps. Il faut d'abord accepter d'entendre, puis comprendre qu'il y a un appel. Christoph Théobald[1] en indique bien la genèse

---

1. Christoph Théobald, *Vous avez dit vocation ?*, Bayard, 2010.

en reprenant le modèle de l'appel du jeune Samuel au temple de Silo[1].

D'abord, Samuel ne comprend pas l'appel. Il entend, mais il ne comprend pas. Il va voir son maître Éli qui, la troisième fois, éclairera Samuel. Alors, le jeune garçon peut répondre : « *Parle Seigneur, ton serviteur écoute.* »

Dans notre cas, notre modèle serait plutôt Jonas, le prophète récalcitrant qui refuse d'aller à Ninive où Dieu le conduit. Car nous devons bien avouer que dans un premier temps, nous n'étions pas vraiment « partantes ». Et pourtant, nous y sommes allées…

Il me semble que nous pouvons identifier d'abord un appel que nous mettons du temps à entendre et à comprendre, puis un éclairage qui nous permet de répondre.

L'appel nous a été adressé par celles (des femmes au départ) et ceux qui ont mis leur espérance dans notre démarche. L'éclairage nous a été donné par l'Église, et particulièrement par les élans mis en œuvre à partir des travaux du concile de Vatican II.

La rencontre du café Cassette

Sollicitées par des ami-e-s et des ami-e-s d'ami-e-s de plus en plus nombreux qui souhaitaient que nous « fassions quelque chose », nous avons d'abord essayé de nous défiler. Et d'ailleurs, que pouvions-nous faire ?

---

1. *Cf.* Premier livre de Samuel 3, 1-21.

La « rencontre » décisive a eu lieu le 23 mars, au café Cassette, à Paris dans le 6ᵉ arrondissement, et qui depuis est devenu comme notre « lieu fondateur [1] ».

Nous avons décidé d'y fixer un rendez-vous pour que se rencontrent celles (à l'époque, il n'y a pas encore d'hommes avec nous) qui avaient entretenu avec nous des conversations par mail.

Dans un premier temps, nous serons 23, ce qui nous fera beaucoup rire. 23, le 23 mars, à cause de Mgr Vingt-Trois! Jusqu'à ce que l'arrivée de deux retardataires annonce que ce n'était qu'un symbole et que déjà, il faut se détacher de l'anecdote de notre naissance et songer à grandir.

Le tour de table est étourdissant. Les femmes qui sont là, pour le coup, ont quelque chose dans la tête. La plupart sont formées en théologie, licences, maîtrises, doctorats, sans compter la qualité des formations « profanes ». Mais de plus, elles accumulent des expériences humaines et pastorales formidables. Nous étions très impressionnées : on aurait pu, au pied levé, trouver là une succession indiscutable à vingt évêques parmi les plus éminents. Et toute cette compétence, cette générosité se trouvaient là, presque inemployées. Bien sûr, certaines avaient ou avaient eu des responsabilités, de terrain, au ras du terrain. Elles ne se plaignaient pas de ces responsabilités, bien au contraire, mais elles exprimaient toutes un puissant sentiment de colère et une grande douleur. Pour résumer leur état d'esprit, c'est le sentiment de gâchis qui prédominait. Le sentiment que l'Église, du moins sa

---

1. Il s'y tient une permanence d'accueil hebdomadaire de la CCBF (horaires et jours sur www.baptises.fr).

représentation institutionnelle au niveau d'un trop grand nombre de ses plus hauts responsables, se disqualifiait, décrédibilisait l'Évangile et portait un témoignage contre le Christ!

Le propos était rude, mais pas désespéré. Elles refusaient de croire que rien ne pouvait être fait pour redonner au message chrétien sa fraîcheur et son dynamisme évangéliques.

Au final, ce sont elles qui nous ont décidées à pérenniser le mouvement initié par le Comité de la jupe. Elles nous ont fait confiance, elles nous ont appelées à continuer ce que nous avions entrepris. Pourtant, beaucoup parmi elles étaient plus qualifiées que nous, plus formées, plus expérimentées. Leur confiance et leur appel nous ont atteintes et bouleversées. Ce jour-là que nous avons accepté d'être conduites là où nous n'avions ni l'intention, ni l'idée d'aller. Nous allions consentir à quelque chose qui nous dépassait.

Nous ne savions encore ni où, ni quoi, mais nous n'allions pas reculer, à cause de ces femmes formidables qui nous faisaient confiance et à travers qui nous avons entendu l'appel de Dieu à œuvrer pour les siens.

Il est bon que chacune ici tente d'aller un peu plus loin dans l'explicitation de son engagement.

Christine

J'ai dit à l'entrée de ce livre que j'étais une « héritière », une heureuse et riche héritière. L'idée de richesse est importante, parce que je n'ai pas le sentiment de détenir un trésor rare et menacé qu'il faudrait défendre à tout prix, mais de disposer d'un trésor immense, pour tout dire, inépuisable. En conséquence, « défendre » ce trésor, ce n'est pas l'économiser, mais le dépenser, le dispenser. Un trésor pour les dispendieux, les prodigues, quel bonheur !

En conséquence, la question n'est pas de protéger l'héritage, mais bien de trouver des héritiers qui à leur tour pourront puiser à pleines mains dans le fabuleux trésor.

La situation « d'héritière » sur laquelle j'insiste, me conduit aussi à comprendre ma place, ma vocation comme un travail. J'aime les paraboles qui comparent Dieu à un maître, à un « patron ». Ce n'est pas Dieu qui fait le boulot, mais les « ouvriers » que nous acceptons d'être. Cette idée m'est précieuse. Elle guide ma compréhension de ma vocation. Je suis ici, sur cette Terre, pour coopérer à l'œuvre de Dieu[1].

Je suis même habitée par l'idée qu'il y a une forme de retrait de Dieu. Les paraboles décrivent souvent la situation du roi ou du maître absent, ou parti en voyage ; je crois qu'elles dévoilent quelque chose d'important. Le monde nous est réellement confié. Rien ne se fera si nous n'y mettons pas non seulement la main, mais la main, et le bras et le cœur, et, au final, toute notre vie. Je ne crois pas en une Providence divine qui prendrait les choses en main, que nous y œuvrions ou pas. Je crois que Dieu nous appelle à la responsabilité et nous rend coprovidents de son action.

Au cours de ce printemps 2009, il m'est apparu que je devais agir parce que c'était ma place et que si je

_____

1. Non pas au Salut, qui est entièrement acquis dans le Christ, mais à son annonce.

refusais de la prendre, j'allais manquer. Je vois bien ce qui, dans cette attitude, peut sembler d'un immense orgueil et peut mener aux pires excès : d'abord se croire utile, puis se croire indispensable.

Accepter l'appel qui semblait nous être adressé, c'était l'accepter dans la fraternité, sous le regard bienveillant mais exigeant de ceux et celles qui nous interpellaient.

Je veux dire aussi combien ce fut important d'être deux, et si différentes. Et l'une et l'autre avions aussi époux, amis, famille, proches, solides, lucides, capables de nous remettre les pieds sur terre si nécessaire et de nous soutenir aussi. Grâces leur soient rendues... pour tout ce qu'ils ont fait et tout ce qu'ils feront.

Notre autre garde-fou, ce fut ce qui nous avait guidées dès le départ et que nous ne voulons pas lâcher : l'humour. Conserver l'humour, la capacité de se moquer de nous-mêmes, de rire. L'affaire est sérieuse, mais que Dieu nous garde de jamais nous prendre au sérieux.

Anne

Je me suis engagée sans hésiter et à la réflexion, je me suis rendu compte que la décision était déjà prise. Seul un dernier pas restait à franchir.

Il y a déjà plus de trois ans, lors d'une discussion avec des religieux, je disais mon découragement devant le peu de grandeur des mesures pontificales récentes. On y « juridisait », on y encensait « la vérité » à l'encontre de tous les enseignements de Jésus, on pourfendait un relativisme qui me paraissait être le b.a.ba de la modernité.

Tout cela sentait la bibliothèque. Je ne reconnaissais plus l'Église vivante qui avait émergé de Vatican II.

« Que peut-on faire ? », osai-je. Un des religieux me regarda dans les yeux : « Il est peut-être temps que les laïcs prennent la parole. » Pour toute réponse, je bredouillai, un peu troublée, mais la phrase s'était installée en moi. Parler n'était donc pas un mal. Un catholique serait donc autre chose qu'un fonctionnaire assujetti au devoir de réserve ? Parler pouvait même être pour le bien ? Et si, de plus, ceux en qui j'avais confiance m'y encourageaient, alors ce n'était plus mon caprice ou ma présomption qui me guidaient. La légitimité m'était donnée de la bouche de ces gens que j'estimais.

Oui, parler devenait une évidence.

De ces évidences qui dorment en vous, jusqu'à ce que le réel les réveille. C'est pour cela que l'incident de « la jupe » n'a suscité en moi ni crainte ni doute. Le terrain était prêt. Il était temps de dire, fraternellement, que les femmes ne pouvaient plus supporter d'être aussi déconsidérées. Parmi les laïcs qui auraient pu alors nous suivre, beaucoup étaient salariés d'une structure ecclésiale. Bien évidemment, leur parole était contrariée. Christine et moi avions toute liberté. C'était vraiment notre rôle de dire « non ! ». Et si nous ne l'avions pas fait, nous aurions failli. Ma modeste fréquentation de l'Histoire me montre l'importance d'être ou de ne pas être là au moment opportun [1].

---

1. Elle ne veut pas le dire, je vais donc le faire pour elle : les parents d'Anne, son père, comme sa mère, furent résistants. Son père est Compagnon de la Libération, et sa mère a été emprisonnée et libérée un peu miraculeusement.

Nous appartenons au « baby-boom » laïc qui a suivi Vatican II. Notre environnement social nous place sur le front de l'hémorragie de forces vives qui appauvrit l'Église : les nouvelles défections, nous les comptabilisons tous les jours ! Faut-il attendre qu'il soit trop tard ? Je connais nombre de prêtres, de religieux et de religieuses qui commencent à se rendre compte qu'entre l'obéissance inconditionnelle et la conscience, éclairée par la foi, la seconde porte peut-être plus de fruits...

Enfin, au-delà de la revendication de dignité, au-delà du *kairos*, a compté le besoin pressant de redonner à notre Église le goût de son avenir. Je me suis engagée simplement parce que je ne supportais plus la déprime catho et que je voyais trop de gens souffrir, principalement des prêtres et des religieux. Était-ce là ce que demandait l'Évangile ? Non, bien évidemment !

Dès lors, quel soulagement d'arrêter de gémir et de se plaindre et d'essayer de construire, de regarder devant et non derrière, d'accueillir en vérité les difficultés – et il y en a ! –, de partager un projet.

Enfin, contrairement à ce que j'ai parfois entendu, je ne pense pas qu'il suffise d'allumer de petites lumières dispersées dans la nuit en attendant meilleure fortune. L'heure est venue de s'investir ouvertement, de se rassembler et d'allumer un grand feu (de joie et d'espoir) afin de déployer l'immense l'espérance que les catholiques portent en eux.

Les fruits de Vatican II

Nous avions entendu un appel, restait à le comprendre et à l'éclairer.

Il est de bon ton aujourd'hui, de prétendre que les fruits de Vatican II sont « amers ». On cite alors la désaffection de la pratique dominicale et la chute des vocations presbytérales. Traduit en langage courant, cela veut dire : les gens ne vont plus à la messe et il n'y a plus de prêtres pour la dire.

On ajoute qu'on a « fait n'importe quoi », surtout en matière liturgique, que l'Église s'est mise à la remorque des modes du temps et que c'est cela qui a causé la catastrophe.

S'il est un point sur lequel nous sommes en plein accord avec cette analyse, c'est que l'Église n'a rien à faire avec les modes du temps. Ce qui doit intéresser l'Église, ce ne sont pas les modes, mais les gens.

Mais pour s'adresser aux gens d'un temps particulier et d'une époque particulière, il est vivement recommandé de leur parler avec des mots, des images, une culture qu'ils peuvent comprendre. Sauf si bien entendu, on croit que le catholicisme est principalement un culte exercé par des sortes de « chamans » professionnels, introduits dans les « Saints Mystères », mis à part du vulgaire.

On voit bien que cette tendance existe. Elle est religieuse (archaïquement religieuse) mais, disons-le avec force, pas du tout chrétienne. Jésus était volontairement « un homme ordinaire », que rien dans l'apparence ni les comportements ne distinguait, si ce n'est « l'autorité » qui émanait de toute sa personne. Pour le reste, il mangeait, buvait (cela lui fut reproché), riait, pleurait. Il avait des amis proches, des préférés, des bien-aimés, hommes ou femmes, comme Marthe, Marie et Lazare.

Il n'était bien évidemment pas prêtre de la religion d'Israël et ne pratiquait aucun culte, sinon la lecture de la Parole de Dieu à la synagogue, ainsi que tous les hommes juifs adultes sont appelés à la faire.

Quant aux apôtres et disciples, ils vécurent eux aussi comme des hommes ordinaires. On sait que Pierre ne quitta ni sa femme ni sa fille, laquelle (sainte Pétronille) a une jolie chapelle à Saint-Pierre de Rome, entretenue par tradition par la France (la « fille aînée de l'Église » entretient l'autel de la fille de Pierre). Quant à saint Paul, il est attesté qu'au cours de ses voyages missionnaires, il travaillait pour gagner son pain et n'être à la charge de personne[1].

On comprend ainsi que Pierre, Paul et les autres premiers missionnaires du Christ n'avaient pas à se demander dans quelle attitude ils devaient se tenir par rapport au monde et au temps. Ils y vivaient, pleinement, et ils y annonçaient avec ferveur le Christ. Ils n'étaient pas « mis à part ».

C'est cette « mise à part » de l'Église, sa défiance vis-à-vis du monde que le concile de Vatican II a tenté de combattre. Il s'agissait de remettre le peuple chrétien, les fidèles du Christ au centre de l'Église, et ceux et celles

---

1. Première Épître aux Corinthiens 9, 4-5 : « *N'avons-nous pas le droit de manger et de boire ? N'avons-nous pas le droit d'emmener avec nous une épouse croyante, comme les autres apôtres, et les frères du Seigneur, et Céphas ?* » Et encore, dans les Actes des Apôtres 18, 3, à propos de Paul chez Priscille et Aquila : « *Et, comme ils étaient du même métier, il demeura chez eux et y travailla. Ils étaient de leur état fabricants de tentes.* »

à qui l'Évangile est adressé, c'est-à-dire l'humanité toute entière, au centre de la mission de l'Église.

C'est ainsi que les pères conciliaires ont souhaité, dans la constitution *Lumen Gentium* sur l'Église, exposer d'abord un long développement sur le Peuple de Dieu. Oui, il fallait retrouver cette évidence, l'Église c'était d'abord le Peuple de Dieu, tous les baptisés appelés à constituer le Corps du Christ.

Ce renversement de perspective peut-il être considéré comme une faute d'analyse des pères du concile ? Ou au contraire, comme un geste prophétique qui préparait l'Église aux temps nouveaux?

Car mettre le peuple des baptisés au centre, à l'origine de l'Église, c'était retrouver le cœur de sa vitalité et de son énergie. C'était redonner vie à tout le grand corps de l'Église et non plus à une toute petite partie de ses membres. Le Christ est présent au monde, non par le biais de quelques professionnels spécialisés dans la célébration du culte, mais par son corps vivant, l'Église, constituée de tous les baptisés.

Nous affirmons que la prise de conscience des baptisés, leur prise de responsabilité dans l'Église, leur éveil à la réalité de la mission qui est la leur, la redécouverte du sacerdoce commun des fidèles, sont des fruits directs du concile de Vatican II. Configurés au Christ par le baptême, nous sommes rendus participants de son sacerdoce. Prêtres, prophètes et rois, nous tournons ce monde vers Dieu, nous lui annonçons son Salut, nous participons à l'édification du Royaume de Dieu dès ici et dès maintenant en nous engageant pour la paix, la justice, pour que le règne de Dieu arrive.

Des baptisé-e-s qui « comptent » pour rien

Mais revenons à ce jour de mars 2009 où cette poignée de femmes se rencontre pour la première fois. Il est évident qu'elles ont bénéficié de l'ouverture qui a été faite dans les facultés de théologie pour la formation de tous. Elles ont largement pris leur part de la mission à travers leurs différents engagements. Mais nous voyons aussi qu'elles « comptent » pour rien.

Les décisions qui concernent l'Église, c'est-à-dire tout le monde, sont prises par quelques-uns, non en raison de leur excellence ou de leur compétence, mais en raison de leur sexe et de leur ordination.

Soyons claires, il ne s'agit pas ici de réclamer l'ordination des femmes, nous nous en sommes déjà expliquées [1], mais de pointer l'absurde exclusion de bataillons entiers d'hommes et de femmes compétents, généreux, engagés, sur un unique critère : l'ordination.

Ces vingt-cinq femmes, et derrières elles, des milliers d'hommes et de femmes solides, fiables, engagés, formés, n'ont pas voix au chapitre parce que le chapitre n'est constitué que par des mâles, célibataires et ordonnés.

Deux observations s'imposent : c'est injuste, et c'est contre-productif.

On pourrait toujours dire que pour l'injustice, ce n'est pas très grave. C'est très douloureux, c'est un contre-témoignage, mais après tout, l'injustice est la loi commune de l'existence humaine. On peut certes regretter que l'Église, ce faisant, soit perçue comme une

---

1. Voir p. 50.

institution qui, par l'exclusion des femmes de son système de gouvernement, proroge l'une des plus flagrantes injustices entre les êtres humains. Mais le plus grave, c'est qu'en excluant de la participation aux décisions des millions et des millions d'hommes et de femmes qui pourtant constituent son corps vivant, elle se prive de ressources extraordinaires.

Lorsque des cohortes importantes de clercs étaient recrutées à tous les niveaux de la société, du fils de paysan au fils de prince, l'Église pouvait considérer qu'elle était suffisamment riche pour se passer des ressources de foi et d'intelligence du commun des fidèles. Mais aujourd'hui, qu'est-ce qui peut le justifier? Le bulletin de santé de l'Église serait-il si bon que les énergies nouvelles soient inutiles?

N'a-t-on pas besoin de bras, de cœurs brûlants, d'esprits bien formés?

Non, les fruits de Vatican II ne sont pas amers. Ils sont abondants, savoureux. Mais qui parmi les responsables catholiques veut les cueillir?

Baptisés pour la vie

Quand les catholiques pensent aux sacrements, ils pensent d'abord à la messe, un peu à la confession, parfois au mariage, mais plus rarement au baptême. Et ceci pour une raison simple, c'est que la plupart d'entre nous avons été baptisés dans notre prime enfance, souvent nourrissons sur les bras de notre mère. Difficile dans ces conditions de percevoir notre baptême comme une actualité.

Pendant des siècles, dans les pays d'ancienne chrétienté, le baptême était intimement lié à la naissance. Naître, pousser son premier cri et être baptisé se passait dans le même mouvement. Et l'inscription dans les registres paroissiaux tenaient lieu d'état civil.

Il n'y avait d'ailleurs pas pour les parents de « préparation au baptême », comme cela se pratique actuellement. Les enfants naissaient et on les baptisait, tout simplement, sans autre forme d'examen.

Aujourd'hui, les jeunes parents (qui, Dieu merci, ne craignent plus la mort de leurs enfants[1]) tardent un peu plus, attendent d'être sortis des nuits trop courtes. Parfois, les petits enfants marchent déjà. Il arrive même que le baptême soit un peu oublié ou régulièrement remis à plus tard, de telle sorte que la question revient à la naissance du second enfant, ou bien plus tard, à l'heure de l'inscription au catéchisme.

Dans quasiment toutes les paroisses fonctionnent des groupes de préparation au baptême qui ont comme principale mission de préparer les parents à être de futurs éducateurs de la foi de leur enfant.

Bien sûr, ces groupes sont très utiles, mais ce ne peut être l'unique lieu d'enseignement sur le baptême. Le baptême n'est pas seulement une affaire de jeunes parents et de petits enfants. Le baptême n'est pas un rite de commencement, il célèbre l'être même du chrétien. La liturgie le montre très bien quand elle réintroduit au moment des obsèques, autour de la dépouille du défunt, tous les signes de son baptême, croix, lumière, eau… On est baptisé du début à la fin de sa vie !

---

1. Pendant des siècles, la mortalité infantile a été supérieure à 50 % au cours de la première année.

Pour avoir assisté à de nombreux baptêmes d'enfants, qui sont encore la très grande majorité des baptêmes célébrés en France[1], nous observons que très souvent, le choix qui est fait est de célébrer un rite d'entrée dans la communauté des chrétiens : « grande famille des chrétiens », « nouvel enfant de Dieu » sont les mots qui reviennent le plus souvent. Ce n'est certes pas faux, mais il y a plus grand que cela dans le baptême.

Il y a la plongée dans la mort et la résurrection du Christ, la nouvelle naissance à la vie divine, la rémission des péchés. Le baptême célèbre la naissance d'un être nouveau dans l'Esprit.

Et si le rituel prévoit la phrase « *désormais, configuré au Christ, tu es prêtre, prophète et roi* », il nous semble bien ne l'avoir pas toujours entendue et fort peu commentée.

Et pourtant, quel sacrement ! Quelle beauté des signes !

Évidemment, quand on verse trois gouttes d'eau sur le front d'un enfant, il est malaisé d'y voir la plongée de tout l'être dans les eaux de la mort. Il faut relire les Pères de l'Église pour retrouver le souffle grandiose des baptêmes antiques, quand le catéchumène descendant dans l'eau et laissant là son vêtement était entièrement immergé. Il ressortait dans un souffle, ruisselant, nu, comme un enfant sortant du sein maternel.

L'homme ancien, celui qui était lié à la mort, reste au fond de l'eau, l'homme nouveau jaillit, régénéré dans la

---

1. 330 000 baptêmes par an dont 20 000 pour les plus de 7 ans. Pour mémoire, on enregistre en France environ 800 000 naissances par an.

vie du Christ. Il ouvre les yeux et crie de joie car désormais, il n'est plus un être pour la mort mais un être pour la vie.

Non seulement, nous sommes baptisés, c'est-à-dire plongés dans la mort du Christ et ressuscités avec lui, mais nous sommes configurés au Christ. On pourrait dire, et certains théologiens le font à raison, que nous sommes christifiés. Désormais, nous avons part au Christ. Il est le premier-né d'entre les morts et, à sa suite, nous sommes la multitude des frères et des sœurs qu'il entraîne et qu'il conduit à son Père.

Le baptême célèbre, exalte notre dignité de fils et de filles de Dieu. Nous ne sommes plus les esclaves du mal, du péché et de la mort, mais des hommes et des femmes libres, relevés, debout. Les catéchumènes antiques revêtaient un vêtement blanc, couleur interdite aux esclaves.

Qu'on ne s'étonne pas que l'assemblée éclate en alléluias quand Dieu manifeste sa puissance de libération. Pour chaque nouveau baptisé, c'est le passage de la mer Rouge, de l'esclavage à la liberté, qui est célébré. C'est aussi l'alliance indéfectible scellée par Dieu avec l'humanité dans la mort et la résurrection du Christ qui est manifestée.

Le baptême est certes célébré une fois pour toutes. La liberté nous est définitivement acquise, la vie nous est donnée sans retour, du moins du point de vue de Dieu qui ne se dédit pas. Reste à accueillir le don de Dieu ; il faut sans doute plus qu'une vie pour y parvenir.

Mais les choses ne s'arrêtent pas là. Le baptême est une source jaillissante qui irrigue toute notre vie, il est aussi une mission. Il s'agit désormais de devenir des témoins de ce que nous avons reçu.

Baptisés ET confirmés

En termes stricts, nous devrions en appeler à la responsabilité des baptisés-confirmés et l'une des actions de la Conférence des baptisé-e-s[1] pourrait être de susciter le désir de recevoir le sacrement de confirmation chez les adultes qui ne l'auraient pas reçu et qui découvriraient ainsi la plénitude de leur responsabilité baptismale.

L'usage catholique a été de distinguer dans le temps l'étape du baptême et celle de la confirmation. Rien ne le justifie que la seule pédagogie. On baptise les petits enfants, on les encourage, ou plus précisément leurs parents, à grandir dans la foi, et lorsqu'ils deviennent de grands enfants, des adolescents, des jeunes gens et qu'ils sont jugés capables de devenir des chrétiens adultes, ils reçoivent la confirmation, qui, au sens précis, est le don de l'Esprit pour la mission et l'annonce de l'Évangile.

La distinction est un peu délicate, car le don de l'Esprit est manifesté dès notre baptême. La confirmation confirme ce don. Elle manifeste que désormais, nous sommes des chrétiens adultes et responsables.

Nos frères chrétiens orthodoxes ne font pas ce *distinguo*, et quel que soit l'âge du baptême, ils célèbrent dans le même geste baptême et confirmation.

---

1. CCBF : Conférence catholique des baptisé-e-s de France fondée à notre initiative en octobre 2009. Nous y reviendrons p. 131 et suivantes.

Dans l'usage catholique, la confirmation est reçue immédiatement après le baptême lorsqu'il s'agit de catéchumènes adultes.

La conclusion de tout ceci est que le baptême n'est pas un acte ancien, dépassé, de notre vie chrétienne, ce n'est pas une sorte d'état civil mais une actualité toujours renouvelée, une mission qui nous oblige.

Comment l'Année sacerdotale éclaire notre conscience

Il y a parfois des signes, sinon de contradiction, du moins producteurs d'ambiguïté. C'est le cas de cette « Année sacerdotale » proclamée par le pape Benoît XVI, de juin 2009 à juin 2010. D'abord, nous nous sommes rendu compte avec stupeur que bien que portant le nom de sacerdotale, cette année était en fin de compte l'année des prêtres. Comment un théologien de la stature de Benoît XVI a-t-il pu laisser s'instaurer une telle confusion ? Mystère et interrogation. Il faut préciser que plaçant l'année en question sous le patronage du Curé d'Ars, le doute n'était pas permis. C'était bien des prêtres et des vocations presbytérales dont il était question.

Reprécisons les choses sur cet étonnant abus de langage. Pour les chrétiens, le seul sacerdoce est celui du Christ. Nous sommes par le baptême rendus participants à l'unique sacerdoce du Christ. C'est le peuple chrétien tout entier qui est un peuple sacerdotal[1].

---

1. « Vous-mêmes, comme des pierres vivantes, entrez dans la construction de la maison habitée par l'Esprit pour constituer une sainte communauté sacerdotale,

Bien sûr, loin de nous l'idée de refuser que parmi nous, certains exercent pour le bien de tout le corps, en figure du Christ-tête (*in personna Christi capitis*), le sacerdoce presbytéral. Mais enfin, ne renversons pas les choses, il y a des prêtres pour le bien du corps et non un corps pour qu'il en naisse des prêtres !

Cette « fixation » sur les prêtres, et en particulier sur les vocations a été pour nous une sorte de révélateur. Le révélateur d'un malaise, et d'un malaise tel qu'il amenait un théologien aussi aguerri que le pape Benoît à confondre sacerdotal et presbytéral.

Nous comprenons bien que le déficit du nombre de prêtres, en particulier dans les pays d'ancienne chrétienté qui avaient l'habitude d'en avoir beaucoup, et qui aujourd'hui se retrouvent dans des conditions numériques proches de celles d'autres parties du monde, plus récemment christianisées, inquiète, voire panique des autorités religieuses qui ne peuvent pas penser la présence et l'action de l'Église sans des bataillons de prêtres.

Mais enfin, l'Église n'est ni faite exclusivement de prêtres, ni faite pour les prêtres.

Notre agacement sur cette obsession de tant de responsables catholiques nous a amenées à ouvrir grand les yeux sur les richesses de l'Église.

Nous n'étions pas prêtres. Autour de nous, les nombreuses femmes et les hommes qui nous interpellaient et nous appelaient n'étaient pas prêtres (pour être exactes, certains amis prêtres avaient commencé à nous rejoindre),

---

pour offrir des sacrifices spirituels agréables à Dieu, par Jésus-Christ. » (Première Épître de Pierre 2, 5). C'est la seule mention du terme « sacerdotal » dans tout le Nouveau Testament. Il est clair que l'auteur ne s'adresse pas aux prêtres mais à tout le peuple.

et pourtant, ils étaient tous une part importante de l'Église, et une part riche, vivante, active, capable.

Il faut ajouter que cette « Année des prêtres » – appelons les choses par leur nom – avait aussi pour conséquence de souligner encore et encore la séparation clercs/laïcs. Promouvoir les prêtres, leur spécificité, leur éminente dignité, louer leur capacité de se donner totalement au Christ, c'est comme par un effet de retour négatif, faire des laïcs des tièdes, des demi-chrétiens.

Et cette exaltation d'une figure héroïque du prêtre concourait encore à sa séparation du peuple. Comment, dès lors, envisager des collaborations et coopérations fructueuses, si d'un côté il y a des héros qui choisissent une vie de pureté et de perfection et, de l'autre, des « pas grand-choses » qui « s'arrangent » avec un monde dépravé et mauvais.

Répétons-le : contrairement à ce qu'on a cru parfois entendre, les laïcs fidèles du Christ ne sont pas un problème mais une solution. Et même ceux qui confondent l'Église et les prêtres devraient se souvenir de cette évidence que c'est parmi les laïcs que se recrutent les prêtres…

Baptisés pour le monde

Parmi les textes du concile, il en est un qui est aujourd'hui particulièrement décrié, c'est *Gaudium et Spes*. Il est accusé de manifester une sorte d'optimisme naïf envers le monde. C'est l'un des textes qui, bien qu'il ait été publié lors de la dernière session du concile, le 8 décembre 1965, c'est-à-dire trois années après la mort de Jean XXIII, porte la trace la plus directe de sa pensée. Il a de grandes parentés avec la dernière et la plus célèbre encyclique du pape Jean, *Pacem in Terris*, première encyclique adressée à tous les hommes de bonne volonté, et non aux évêques, comme c'est l'usage ordinaire, ou aux catholiques, comme ce fut parfois le cas. Cela avait d'ailleurs valu à Jean XXIII d'être toisé avec condescendance par nombre de dignitaires romains qui déploraient sa « candeur ».

Les mêmes dignitaires auraient, n'en doutons pas, fait le reproche au Christ lui-même.

« La joie et l'espérance » pour le monde! Voilà un changement radical dans la façon de considérer la situation de l'Église et des chrétiens dans le monde. C'est instaurer *a priori* un regard de bienveillance, pour la simple raison que ce monde est aimé par Dieu, aimé et sauvé du néant, appelé à la vie, ce dont le Christ a témoigné jusqu'à la Croix.

Pouvons-nous maudire et condamner un monde pour lequel Dieu lui-même a engagé sa vie?

Qui osera dire que ce monde ne vaut rien, puisqu'il vaut le prix que Dieu lui donne? Et ce prix est infini!

Nous pouvons bien sûr comprendre que les changements dont le monde est le théâtre puissent, dans un premier temps, susciter peur et interrogation, mais maudire le monde, le flétrir, c'est au final ne plus avoir foi en Dieu, ne plus croire au Salut acquis dans le Christ. Si nous maudissons ce monde, alors nous disons que le Christ est mort en vain.

Comment croire que le pape Jean XXIII ait été le moins du monde naïf? Il avait été longtemps diplomate, en poste à Istanbul pendant la Seconde Guerre mondiale, il avait vu la guerre de très près, et il l'avait vue très laide. Les pères conciliaires qui adoptent *Gaudium et Spes* n'étaient pas non plus des « ravis de la crèche ». À l'automne 1962, alors qu'ils étaient réunis à Rome pour l'ouverture du concile et sa première session, ils avaient vu le monde passer à un cheveu de la catastrophe nucléaire à la suite de l'épisode des missiles de Cuba[1].

Et si la guerre était demeurée froide, leur monde n'était pas plus réjouissant que le nôtre. Les injustices Nord-Sud étaient criantes. La faim dans le monde était une question massive. Les dictatures de droite comme de gauche semblaient gagner du terrain sur tous les continents, et la démocratie et l'État de droit semblaient bien fragiles. Pour mémoire, tous ces hommes avaient connu, vingt ans plus tôt, soit dans leur âge adulte, le deuxième conflit mondial et son cortège de morts, de crimes et de destructions.

C'est dire que leur position de bienveillance n'était pas une position conjoncturelle mais une position spirituelle.

Cette part de l'héritage de Vatican II, nous la revendiquons. Nous la considérons comme profondément, authentiquement, théologiquement chrétienne. L'Histoire nous apprend que si la tentation du mépris du monde a traversé l'Église à plusieurs reprises, elle a toujours été stérile. On ne peut pas annoncer au monde un

1. En octobre 1962, l'Union soviétique se prépare à installer des missiles nucléaires sur les côtes cubaines, menaçant directement le territoire américain. La tension est extrême, la flotte américaine s'interpose entre Cuba et les navires transporteurs soviétiques. Le déclenchement d'un conflit nucléaire est évité de justesse. À la suite de cet épisode, un « téléphone rouge » sera installé entre le président américain et son homologue soviétique.

Dieu de bienveillance et d'amour si l'on est soi-même un contre-témoignage, si l'on n'a à la bouche que mépris et condamnations.

Ne désespérons pas, ça bouge

N'en déplaise aux contempteurs du présent, à tous les nostalgiques d'un passé rêvé, les choses ont beaucoup changé en un peu plus de quarante ans, et elles ont changé de façon irréversible.

Quoi qu'on en dise, quoi qu'on en pense, les laïcs ne peuvent pas être éliminés du dispositif ecclésial. Il est terminé le temps où le « bon » peuple était considéré comme un problème logistique, un troupeau à gérer, à administrer. Il est d'ailleurs singulier de se souvenir qu'on disait des prêtres qu'ils « administraient » les sacrements, un peu comme on administre les jugements, les punitions, les purges et les potions.

Aujourd'hui, Dieu merci, la plupart des prêtres se sentent en figure de ministres, c'est-à-dire au service de ce qu'ils célèbrent et de ceux pour qui ils célèbrent, et ils en sont heureux.

Quant aux laïcs, sur le terrain, il ne doit pas rester beaucoup de paroisses où il n'est pas fait massivement appel à eux. Catéchisme, accueil, préparation aux sacrements, célébration des obsèques, sans parler des fonctions que les prêtres n'exercent quasiment plus : enseignement catholique, visite aux malades…

Même dans le « sanctuaire » des séminaires, des enseignants non-prêtres, hommes et femmes, sont régulièrement appelés. Pour enseigner les sciences humaines, certes, mais aussi la théologie, la morale, l'Écriture sainte.

Oui, les laïcs sont partout, hommes et femmes – beaucoup de femmes –, aussi bien pour s'occuper des fleurs ou de la feuille paroissiale que pour briguer un doctorat de théologie !

Ici ou là, des laïcs, hommes ou femmes, siègent au conseil épiscopal, la cellule de conseil de l'évêque qu'il réunit généralement une fois par semaine. Même à la Conférence des Évêques de France, depuis presque dix ans maintenant le secrétaire général adjoint chargé des affaires économiques est un laïc. Il y a bien sûr des résistances. La direction de la communication, dépouillée de la charge de porte-parole de l'épiscopat, a été par deux fois confiée à une femme. Il a été jugé que cette charge sensible devait de nouveau revenir à un prêtre, et le rôle de porte-parole a été immédiatement rendu au prêtre qui a été nommé...

Ce « pas de clerc » est significatif des limites de l'exercice. Des laïcs, oui, mais en situation de service ou de conseil, pas en situation d'autorité, de prise de décision et de responsabilité.

Le pouvoir, la réalité du pouvoir, c'est-à-dire le pouvoir de nommer, le pouvoir de faire des choix pastoraux, le pouvoir de dire une parole qui engage l'Église, demeure étroitement dans les mains des clercs, prêtres et évêques.

Qu'il soit ici permis de faire une mention spéciale des diacres permanents, ces étranges « hybrides », souvent des personnes aux qualités humaines exceptionnelles, mais largement apparentés aux laïcs, ne serait-ce que parce qu'ils ont, dans la plupart des cas, une épouse et des enfants qui le sont (laïcs). Ceci explique peut-être pourquoi aucune véritable autorité ne leur est confiée. Leur « malaise » est aussi un symptôme de la situation « d'entre-deux » dans laquelle se trouve l'Église.

Pourtant, l'existence des diacres a enrichi toute l'Église : on y a retrouvé l'appel de l'Église locale, une compatibilité entre ordination et sexualité, une revalorisation du service pour tous.

Vatican II, le milieu du gué

Pour conclure ce chapitre, il est évident que les fruits de Vatican II sont abondants, intéressants et porteurs de bienfaits. Mais que seule une partie du chemin a été parcourue.

Malheureusement, l'appel du concile aux forces vives du peuple de Dieu a été confondu dans le temps, sans qu'on puisse, si l'on est honnête, corréler les deux faits avec la diminution du nombre de prêtres[1]. En conséquence, les tâches que les prêtres ne pouvaient plus accomplir ont été transférées aux laïcs qui se sont trouvés en situation de supplétifs. Ils sont là en quelque sorte « par défaut », les autorités ecclésiales attendant ou espérant que reviendra, en matière d'ordinations, un temps de « vaches grasses » qui permettra de renvoyer les laïcs « dans leurs foyers ».

---

1. La baisse du nombre d'ordinations de prêtres en France précède clairement le concile. Après le « rattrapage » des années de guerre, où leur nombre monte artificiellement à 1 600 par an, il revient vite à 1 000 en 1950 et 1951. En 1962, il est à 500, soit une baisse de 50 % en dix ans.

La conséquence, c'est que la question de la vocation commune des baptisés, dans laquelle clercs et laïcs sont unis dans un même appel et un même service, est très mal et très peu traitée.

Il est aujourd'hui plus urgent que jamais de réexaminer cette question fondamentale pour l'avenir de l'Église. Nous sommes au milieu du gué, mais la peur, mauvaise conseillère, réveille chez certains la tentation d'un retour en arrière.

5

Les miroirs du passé

Près de sept milliards d'êtres humains, l'information qui circule à toute allure, la télévision, l'internet, les progrès inespérés des sciences et de la médecine, les inquiétudes à propos des ressources planétaires, la dégradation de l'environnement, une culture qui devient mondiale et des sentiments nationaux et identitaires qui s'exaspèrent…

Notre monde, notre époque sont marqués d'abord par la complexité. Les problèmes sont difficiles à poser, et il est plus difficile encore de cerner des solutions.

Nous sommes déchirés entre le sentiment de puissance, de domination que nous donne la maîtrise technique, et l'effroi devant toutes les contradictions qui rendent le monde incompréhensible.

Le présent est insaisissable, l'avenir est inimaginable.

Il faut un immense courage, et une folle espérance, pour ne pas succomber à la peur.

Un peu d'histoire

La tentation est grande, quand le présent et le futur nous échappent, de nous tourner vers le passé.

C'est hélas à cette tentation que succombent beaucoup de responsables catholiques, notamment ceux qui vivent depuis trop longtemps dans l'atmosphère particulière de l'enclave vaticane. Comment ne pas céder aux charmes du passé quand on vit dans l'intimité des plus grands génies artistiques, dans une sorte de beauté éternelle et immobile? L'illusion est somptueuse, qui n'y serait sensible?

Il est dès lors aisé de mépriser la modernité au prétexte qu'on détiendrait les clés de l'éternité.

Le symptôme, malheureusement, n'est pas récent. La rupture de l'Église catholique avec la modernité a déjà quelques siècles. En fait, elle date de… la modernité.

Qu'on nous pardonne ces rappels historiques à si grands traits, mais il est important de savoir quand et comment le christianisme, et particulièrement le catholicisme commence à se désinsérer de la culture commune, au point que les sociologues aujourd'hui parlent d'« exculturation », c'est-à-dire de la perte de référence commune avec la culture et les usages communs.

Dans l'Occident médiéval, il n'y a pas de distinction entre la science, la foi, les techniques. L'intelligence du monde, la compréhension de l'homme, la connaissance de Dieu, les compétences scientifiques et techniques et toute la culture sont alors des savoirs sur lesquels l'Église règne sans partage. La connaissance est un don de Dieu. Elle est une.

L'entrée dans la modernité est précisément la séparation des domaines de connaissance et leur autonomie. Les sciences et les techniques, les sciences naturelles et les sciences physiques, les sciences du vivant et les sciences humaines... La théologie et la philosophie, la philosophie et la sociologie, et puis, psychologie, astrophysique, anthropologie, sémiologie... Il semble que chaque saison une nouvelle spécialité scientifique naisse, qui inventorie, dissèque une part de plus en plus petite de la connaissance. On dit que la quantité de connaissance disponible double en moins de dix ans. Personne, absolument personne, aujourd'hui, ne peut se targuer de disposer d'un savoir universel.

Or, cette séparation a été vécue par l'institution ecclésiale comme une mise en cause de sa compétence réputée universelle, puisque l'Église revendique d'être récipiendaire exclusive de la Vérité.

Il faudrait faire une enquête historique très fine pour savoir comment la tragique séparation s'est opérée. Ce qui est observable, c'est qu'au cours des siècles, et très nettement à partir de la Renaissance, le fossé se creuse entre l'Église qui prétend détenir la Vérité et la modernité qui espère découvrir des vérités par le biais de la science. L'erreur originelle, sinon la faute, a sans doute été commise au tournant du IIIe et du IVe siècle, quand le christianisme s'est emparé des concepts grecs pour définir Dieu et la Trinité. Dès lors, la Vérité a cessé d'être vivante et incarnée pour devenir une idée théologique et philosophique et donc entrer en concurrence avec d'autres idées.

À partir du XIXe siècle, le conflit est ouvert. De part et d'autre les anathèmes fusent. Les scientifiques positivistes prétendent pouvoir prouver que la religion n'est qu'une ridicule superstition dont il faut débarrasser l'humanité, tandis que l'Église se barricade dans ses certitudes.

En 1864, le pape Pie IX fulmine contre les erreurs modernes un catalogue de condamnations, le *Syllabus*. Six ans plus tard, la conquête des États pontificaux par les Italiens, qui installent leur capitale nationale à Rome, consomme la rupture. Pie IX s'enferme derrière les murs du Vatican. Sa position se radicalise : entre le monde et l'Église, il n'y a aura rien, ni dialogue, ni compromis. La Vérité est une et indivisible, elle seule a des droits et le pape sera son « vicaire ». Le « monde », qui goûte à la démocratie, au socialisme, détruit un ordre réputé immuable et divin. Ce « nouveau monde », qui fait place à l'individu, à la liberté de conscience, est à lui seul un blasphème.

En faisant voter par le concile de Vatican I l'infailli-bilité pontificale et la juridiction universelle du Pontife romain quelques jours seulement avant la prise de Rome par les Italiens, Pie IX transfère à l'intérieur de l'Église ce qui lui échappe à l'extérieur.

Le Vatican devient une sorte de sanctuaire-bunker où le pape s'expose à la vénération des foules comme le « saint-sacrement » de la Vérité.

La résistance devient l'attitude catholique par excel-lence. Son successeur Léon XIII sera un peu plus ouvert, mais Pie X reprendra avec plus de violence encore la guerre contre le « modernisme ». En prêchant un catholi-cisme « intégral », il donnera sa source au mouvement intégriste. Les malédictions pleuvent. Les pontifes jusqu'à Jean XXIII font alterner des périodes d'ouverture et de fermeture, le même pape pouvant au début ou à la fin de son pontificat envoyer des signaux assez contradictoires.

Mais au total, c'est bien la méfiance à l'égard du monde moderne et de la science qui prévaut. La prétention à l'autonomie de la raison humaine est condamnée sans relâche comme le péché d'orgueil par excellence.

Dans quel monde vivent-ils?

Même si depuis quarante ans un certain nombre de lieux de dialogue entre science et foi[1], foi et culture ont été créés, il reste que cette longue lutte a laissé des traces profondes. L'Église continue à être soupçonneuse vis-à-vis du monde, et réciproquement. Quoique... La conséquence la plus grave de ce long conflit est sans doute la montée de l'indifférence à l'égard de l'Église. Si l'Église continue à penser qu'elle est victime d'une certaine hostilité, il est clair que la plupart des gens, scientifiques ou hommes et femmes de la rue, laissent les responsables catholiques « débiter leurs sermons et leurs sornettes » sans se sentir le moins du monde concernés.

C'est d'ailleurs pourquoi la crise de l'hiver 2009 a pu étonner. Elle montrait qu'il y avait encore une capacité d'émotion et de protestation à l'égard de gestes et de paroles qui sont apparus comme particulièrement inadéquats. Les responsables politiques extrémistes peuvent prononcer des discours délirants ou absurdes, ils ne déclenchent que haussements d'épaules. Mais le pape, non!

---

1. L'Académie pontificale de sciences a été créée dès 1936 par Pie XI.

L'opinion publique a considéré que l'Église n'était pas dans son rôle en négligeant les propos négationnistes d'un évêque avec lequel elle voulait se réconcilier, ou en choisissant de condamner la mère qui avait accepté l'avortement de sa petite fille violée, plutôt que le violeur de l'enfant.

Cela vaut la peine d'être souligné, car cela montre qu'il reste (qu'il restait?) du crédit à l'Église, espérons qu'elle ne l'a pas dilapidé…

L'épisode, malheureusement, est une preuve supplémentaire de l'incompréhension et de la méconnaissance de la sensibilité communes dans lesquelles se trouvent les hiérarques du Vatican.

On demeure tout simplement sidéré par leurs propos, par leur incapacité à comprendre que leur attitude fait scandale non parce qu'elle serait subversive ou prophétique, ainsi que certains le prétendent, mais simplement parce qu'elle est « déconnectée ». La phrase la plus souvent entendue, à propos des responsables de l'Église, est : « Dans quel monde vivent-ils? »

Oui, la question mérite d'être posée : dans quel monde les responsables catholiques de haut niveau vivent-ils?

Dans quel monde la vie d'une petite fille martyre pèse-t-elle si peu? « Elle mesurait 1,30 mètre et pesait 35 kilos, elle aurait pu aller au terme de sa grossesse gémellaire », osent déclarer des hommes âgés, célibataires et sans enfants. Cette enfant n'était donc qu'un corps? S'est-on demandé si un psychisme de 9 ans pouvait faire face?

Comment peut-on en venir à penser que le sacrifice de cette malheureuse enfant soit non seulement légitime à vue humaine, mais « voulu par Dieu ». *« Il ne faudrait pas se laisser aller à la compassion facile*», avons-nous lu de la part d'un hiérarque du Vatican! La compassion facile... Les mots manquent pour dire notre stupeur. Fallait-il que cette enfant meure pour que la loi soit sauve?

Mais nous ne sommes hélas pas totalement étonnées par ce manque de « compassion ». Il trouve ses fondements dans la séparation du monde que choisissent aujourd'hui de trop nombreux responsables catholiques.

La logique d'isolement superbe initiée par Pie IX a des conséquences encore aujourd'hui dans la culture vaticane. Elle trouve un souffle nouveau avec les cercles catholiques les plus conservateurs.

Les figures de papes « résistants », entendez résistants au monde, « étanches » à la culture du siècle, sont aujourd'hui brandies comme des modèles par quelques poignées d'ardents nostalgiques prêts à entrer en croisade pour la défense du catholicisme.

Le XIXe siècle de Pie IX, le XXe siècle de Pie X deviennent « l'horizon » vers lequel il faudrait revenir. L'avenir se cherche dans le passé, et l'on cultive la nostalgie des fastes anciens.

Latin et dentelles, le retour

Faut-il s'agacer du retour du latin et des dentelles? Certes, les dentelles sont incroyablement ridicules, et l'on demeure stupéfait que des personnes si crispées sur la question du strict respect des identités féminines et masculines arborent, sans y voir de contradiction, des signes si traditionnellement féminins. Dans le monde profane, ces usages seraient qualifiés de « transgenres », ce qui, certainement, ferait horreur à ceux qui les pratiquent.

Mais tout cela pourrait n'être qu'affaire de mode, de goût plus ou moins futile pour les broderies et les ors. Il n'y aurait pas grand-chose à en dire. Après tout, chacun son goût, bon ou mauvais. Il n'est contraire ni à la foi ni aux mœurs de préférer la profusion des ornementations baroques à l'ascèse et au dépouillement cisterciens. On peut même aimer le kitsch sulpicien, pourquoi pas? À condition que seuls les choix esthétiques soient en cause. Mais s'il s'agit de s'affubler de fausses splendeurs[1] et de réinventer de pompeux rites pour forcer le respect des fidèles, c'est autre chose!

Quant au latin, bien que l'ayant l'une et l'autre appris et pratiqué jusqu'en classe préparatoire, ni l'une ni l'autre ne le lisons plus assez bien pour profiter de la grande littérature latine dans le texte. Adieu, donc, Cicéron et Ovide, et même Augustin en VO. Merci, ô amis traducteurs, qui nous redonnez l'accès à ces génies.

Les nostalgiques du latin liturgique n'ont certainement pas plus d'aisance que nous dans cette langue. Ce qu'ils aiment, c'est peut-être la « sécurité » de savoir que de nombreuses générations avant eux ont prié et célébré ainsi. Ce long usage rassure leur angoisse face aux changements rapides du monde et de la culture ; voilà quelque chose de stable, de gravé dans le marbre de l'éternité. Et puis, bien sûr, il y a le goût du « mystère ». Cette langue

---

1. Un cardinal romain, Mgr Canizares, préfet de la Congrégation pour le culte divin et la discipline des sacrements, ne craint pas de s'exhiber avec une traîne de douze mètres de moire rouge! Même pour un mariage princier ou hollywoodien, la traîne de l'épousée n'est pas si ridicule. Voir photos et commentaires sur le site du Comité de la jupe : www.comitedelajupe.fr

ancienne, un peu opaque, permet de séparer les choses divines des trivialités humaines, et le latin, qui n'est plus utilisé dans la vie courante, devient une langue « sacrée », une langue qui a plus à voir avec le ciel qu'avec la Terre. Sait-on jamais, le latin est peut-être la langue des anges ?

Mais tout cela, est-ce chrétien ?

On peut comprendre ce goût de la reconstitution historique, des usages anciens, usés par les siècles, ô combien rassurants. On peut comprendre les peurs, les angoisses. Mais tout de même, il faut oser le dire, tout cela n'est pas chrétien !

Le christianisme, fondamentalement, est historique. L'Incarnation du Christ a lieu en un temps donné, en un lieu donné. L'Évangile lui-même n'hésite pas à nous montrer comment Jésus découvre sa mission, en comprend petit à petit la portée. L'épisode de la femme cananéenne est de ce point de vue explicite[1].

Alors que Jésus, exténué, se repose en pays païen, une femme vient le supplier de guérir son enfant. Elle se fait rabrouer durement par Jésus lui-même, qui refuse de « gâcher » le pain des enfants (les enfants d'Israël) pour le donner aux petits chiens (les païens). Or, la femme ne se laisse pas repousser, écoutons leur dialogue final : « *Oui, Seigneur ! dit-elle, et justement les petits chiens mangent des miettes qui tombent de la table de leurs maîtres ! » Alors Jésus lui répondit : " Ô femme, grande est ta foi ! Qu'il t'advienne selon ton désir ! " Et de ce moment sa fille fut guérie.* » Oui, la foi d'une pauvre femme vient d'ébranler Jésus. Elle lui

---

1. Matthieu 15, 23-28.

ouvre les yeux. Dans son entendement humain, il découvre l'ampleur de sa mission... comme un être humain. Comme vous ou nous, à la différence que lui ne s'y soustrait pas. Il y découvre la volonté du Père et s'y ajuste ! Et sa mission devient plus large que le seul peuple d'Israël !

Les premiers chrétiens vont avoir à leur tour à découvrir jusqu'où ils doivent aller... pour que l'Évangile résonne jusqu'aux extrémités de la terre. Et Paul, ce Pharisien exemplaire, ce fils de la Loi, n'hésitera pas à aller lui-même à Jérusalem plaider en faveur des païens pour qu'ils soient dispensés de suivre les commandements de la loi juive.

Ce que le Christ a fait, ce que Paul a fait, nous ne sommes pas dispensés de le faire ! Nous ne pouvons ni nous réfugier derrière les usages anciens, ni demeurer à l'abri derrière de solides frontières qui délimiteraient le monde de façon stable, rassurante et définitive.

Rien n'est plus étranger au christianisme que la logique de séparation. Le christianisme modifie l'ancienne vision religieuse de la séparation entre sacré et profane, et y substitue la notion de sainteté. La sainteté unit le monde de Dieu et le monde des hommes parce que Dieu, en répandant sa sainteté, nous rend saints comme lui-même est saint.

Et l'on n'est pas saint par l'effet de sa propre volonté, mais par le don gracieux de Dieu.

De même, la notion de pureté, si importante dans la plupart des systèmes religieux, est battue en brèche par le Christ lui-même.

Aucun interdit lié à la pureté rituelle n'arrête le Christ. Il ne cesse de se compromettre avec le monde, mange avec les pécheurs, se laisse aborder par des femmes sans vertu, entame le dialogue avec une étrangère en Samarie, ne recule pas devant le lépreux. Voudrions-nous être plus purs que le Christ ?

Le seul véritable critère d'une parole et d'une attitude chrétiennes, ce sont des paroles et des gestes de Jésus.

Jésus-Christ est venu vivre au milieu des hommes, il ne s'est pas mis à part, il ne s'est pas retiré du monde. La seule élévation à laquelle il a consenti, c'est l'élévation de la Croix.

Paresse intellectuelle

Les plus fervents défenseurs du passé se targuent de la solidité de leur formation. Ils auraient, à les entendre, parcouru saint Thomas d'Aquin de long et large, et saint Augustin, et tous les textes pontificaux depuis « les origines », et connaîtraient tous les catéchismes par cœur (en particulier celui du concile de Trente). Il n'est qu'à parcourir les sites et les blogs, où les fiers défenseurs du catholicisme de « toujours » recrachent des citations entières de diverses sources de la « tradition » à laquelle ils ne manquent jamais de mettre un « T » majuscule.

À les en croire, tout problème, toute question ont déjà été traités, et il suffirait de rechercher la juste réponse dans le stock disponible des écrits de nos prédécesseurs dans la foi.

Et les « modernes », nous, qu'ils nomment progressistes quand ils sont aimables, « soixante-huitards attardés »

quand ils sont véhéments, serions des aventuriers igno-
rants, des « iconoclastes » d'un nouveau genre, qui jet-
teraient le patrimoine aux orties.

Ces accusations, si courantes, nous inspirent quelques
réflexions.

Nous observons tout d'abord que ces divers courants
font assez peu de cas de l'Évangile. Dans le meilleur des
cas, il sert d'« ornementation ». Le plus souvent il n'est
même pas cité. Saint Paul l'est un peu plus, principalement dans ses déclarations les plus catéchétiques, pour ne
pas dire doctrinaires. Et si un débat s'engage, celui qui
cite l'Évangile est rapidement moqué. Il est, au choix,
fondamentaliste ou protestant. En revanche, les citations
du « magistère » pleuvent, brandies comme la loi ultime
et définitive.

Il est vrai que la lecture et la méditation de l'Évangile
n'offrent guère de sécurités faciles et immédiates, Jésus ne
se laisse pas facilement enfermer dans des cases. Il dérange
profondément nos petits ordres religieux bien rangés,
notre morale bien propre qui a des réponses à toutes les
questions.

Se demander, ce qui est le seul mode véritablement
chrétien de réflexion : « Qu'est-ce que Jésus aurait fait
ou dit dans cette circonstance ? », c'est s'exposer à de
grandes incertitudes, car ce Jésus a décontenancé plus
d'une fois ceux et celles qui le suivaient. Peut-on imaginer Jésus dire : « Mes amis, ne nous laissons pas aller à la
compassion facile ? »

Jésus ne fournit jamais de morale en fiche cuisine, il
renvoie ceux qui le questionnent à eux-mêmes, non pas
à une Vérité extérieure, métaphysique, mais à une vérité

intime, une vérité qui ajuste le cœur de l'homme à sa vocation, à l'appel de Dieu : « *Que celui qui n'a jamais péché jette la première pierre...* »

Nous avons titré « paresse intellectuelle », mais ce que nous pointons là est plus exactement de la paresse spirituelle. Vouloir disposer d'un stock de réponses toutes faites pour toutes les situations de la vie, c'est refuser d'exercer son propre discernement, c'est surtout refuser de laisser la complexité des questions nous travailler au cœur, nous bouleverser, nous dérouter. Il est aisé de croire qu'on mène un combat spirituel parce que l'on bande toute sa volonté, comme pour réussir un exploit sportif. Le véritable combat spirituel ne passe pas en force mais en creux, dans le creux de l'abandon : « *Non pas ma volonté, mais ta volonté* », prie le Christ. Il ne s'agit pas d'obéir au pape, à son directeur spirituel ou au *Catéchisme de l'Église catholique* comme un bon petit soldat, il s'agit de nous laisser ajuster, modeler par la Parole de Dieu.

Mais s'il y a de la paresse spirituelle (ou de la peur), il y a aussi de la paresse intellectuelle. Quand des prêtres, évêques, théologiens[1] se réfugient dans les auteurs anciens, ils refusent tout simplement d'apporter leur contribution propre. Ils agissent comme le serviteur qui enterre son talent sans le faire prospérer afin de n'être pas jugé par le maître.

Les auteurs anciens ont fait face à des questions qui étaient celles de leur temps. Ils l'ont fait avec tous les

---

1. Tous ne sont pas concernés, bien sûr, et il demeure des hommes courageux qui s'engagent sur des voies non balisées, au risque d'être soupçonnés d'infidélité, d'hétérodoxie. Grâces leur soient rendues.

moyens intellectuels qui étaient à leur disposition. Si, quand vient notre tour, nous nous contentons de ressasser de vieilles réponses, nous spolions l'avenir.

Pouvons-nous raisonnablement penser qu'il suffit de réinterpréter saint Thomas d'Aquin pour répondre aux formidables enjeux qui sont ceux de notre monde ?

Saint Thomas fournit-il des réponses aux questions d'environnement ? Que savait-il de l'infini de l'univers ? De la finitude du système solaire ? Nous aide-t-il à comprendre la complexité du système financier international ? Que dit-il de l'origine de l'homme qui se perd dans la nuit des temps ? A-t-il compétence pour imaginer une société non-patriarcale, marquée par la parité homme-femme ? Faut-il lui faire confiance pour parler de la dignité des embryons humains ? Et les replis du psychisme humain dévoilés par la psychologie et la psychanalyse, qu'en savait-il ?

Soyons claires, il n'y a aucun reproche à faire à Thomas d'Aquin qui fut l'un des plus grands esprits humains, mais justement, imaginons-le dans notre monde. Cet esprit brillant, courageux jusqu'à la témérité, ne voudrait-il pas se saisir de toutes les questions que nous venons d'évoquer afin de les situer dans le regard de Dieu, dans le plan de Dieu ?

Or ce travail intellectuel a besoin d'être fait, et il est urgent. Loi naturelle, monogénisme, péché originel, pour ne prendre que les exemples les plus criants, ont besoin d'être réfléchis à frais nouveaux. On ne peut pas continuer à faire de la théologie en disant : « Mettons que la Terre est plate », « Mettons que le monde a été créé en sept jours », « Mettons qu'Adam et Ève ont vraiment existé », parce que même les gosses de dix ans ne peuvent pas y croire une seule seconde.

Les jeunes, amoureux du passé

C'est le grand argument en faveur du retour au passé. Il faudrait y revenir parce que c'est ce que veulent « les jeunes ».

Passons sur notre étonnement devant cette crise de « jeunisme » aussi soudaine que paradoxale dans une Église qui a toujours respecté la sagesse de l'âge mûr, et dont les dirigeants peuvent depuis longtemps profiter des avantages de la Carte Senior, et regardons de près nos jeunes amis qui clament leur fidélité catholique, qui s'égosillent de toute la rage de leurs jeunes poumons sur tous les blogs et les forums, qui vouent aux gémonies tous les plus de quarante ans, cette minorité de *has been*, « heureusement, bientôt morte, bientôt disparue », et s'autoproclament « la relève « et surtout « la majorité ».

La majorité de quoi ? Des jeunes ? Sûrement pas.

Parce que, ouvrons les yeux. Il y a certes une poignée de paroisses de centre-ville qui rassemblent le dimanche soir une population jeune et sympathique d'étudiants et de jeunes professionnels, mais il faut se rendre à l'évidence, ce sont d'heureuses exceptions car dans l'Église, les jeunes, dans leur écrasante majorité, sont d'abord… absents. Ils sont ailleurs, très loin des églises. Très loin des processions et des messes en latin. Loin de toutes les messes d'ailleurs.

En France, chaque dimanche, plusieurs millions de catholiques fréquentent les églises. Quel âge ont-ils ? Entre 50 et 80 ans. Avec un peu de chance, il y a deux ou trois jeunes familles avec enfants, et une poignée de gosses du catéchisme.

Mais des jeunes de 20 à 30 ans ? Lorsqu'une enquête par sondage (Credoc 2005-2006) décompte le taux de pratique régulière parmi les 60 % de Français qui se déclarent catholiques, on trouve un taux de 14 % chez les 60 ans et plus, de 4 % chez les 40-59 ans et un taux « non significatif » chez les moins de 40 ans. Ils sont si rares que les statistiques ne peuvent pas rendre compte de leur existence !

Quant à connaître leurs préférences liturgiques, autant s'interroger sur le sexe des anges !

Alors, certes, il y a de petits bataillons bruyants ici ou là qui revendiquent un catholicisme identitaire, attestataire.

Ils pratiquent de pieuses dévotions et brament leur tendresse et leur obéissance filiale au pape.

Mais que nous sachions, ce ne sont pas eux qui font le catéchisme, se bousculent pour visiter les malades, accueillent les familles en deuil, paient le denier du culte, font des dons au Secours catholique ou au CCFD[1] (quelle horreur !). Ils ne sont même pas abonnés à *Famille chrétienne* !

Bien sûr, on peut transformer l'Église en musée des Arts et Traditions religieux pour amateurs de reconstitutions historiques. On réussira sans doute à attirer des curieux, des visiteurs, des spectateurs et quelques nostalgiques. On peut aussi, du haut des remparts, scruter l'horizon et faire des vœux pieux en attendant « la relève ».

---

1. Comité catholique contre la faim et pour le développement.

Hélas, ni sœur Christine ni sœur Anne ne voient rien venir.

Pourquoi les jeunes catholiques sont-ils presque exclusivement « tradis » ?

Tout d'abord, au risque de nous répéter, redisons que les jeunes, de façon générale, ne sont pas « tradis ». Massivement, ils ne sont pas du tout catholiques.

Il reste que les jeunes qui affirment haut et fort leur identité catholique (ou leur catholicisme comme une identité) sont très largement sensibles à la mouvance traditionaliste, ce qui conduit certains à penser que si l'Église revenait à des pratiques anciennes (liturgiques et catéchétiques), il y aurait de nouveau des jeunes dans les églises. Le raisonnement est évidemment faux, mais il est très en vogue et les courants traditionalistes s'en emparent pour appuyer leurs revendications.

Posons-nous cependant la question : pourquoi le catholicisme plaît-il à ces jeunes gens et jeunes filles ? Pour une raison des plus honorables : ils sont épris d'idéal. Ils rêvent de perfection, de pureté, d'absolu.

Vous vous en étonnerez : trouvent-ils vraiment cela dans le catholicisme ? Oui, dans leur vision l'Église est une société parfaite, voulue par Dieu. Le pape est le vicaire du Christ, le représentant de Dieu sur la terre. Lui obéir, c'est obéir à Dieu lui-même. Cette Église, sainte, parfaite, irréprochable, détient la Vérité et les clés du ciel. Ce système de pensée totalitaire et totalisant, système de certitudes et de perfection, est profondément satisfaisant pour certains psychismes épris d'absolu.

C'est un monde d'ordre où le bien et le mal sont clairement identifiés, un monde sûr et stable. On sait où l'on
va et ce qu'on a à faire.

Évidemment, il faut des dispositions particulières liées
à l'histoire personnelle ou familiale pour entrer dans cette
logique. Mais il s'est toujours trouvé des gardiens de
révolution ou de jeunes gardes rouges pour entrer dans
des logiques quasi sacrificielles de défense de systèmes
qui, pourtant, ne semblaient ni très attirants, ni très ver-
tueux. La capacité d'idéalisation du psychisme humain
est toujours surprenante! C'est le terreau sur lequel pros-
pèrent les sectes. Il serait regrettable qu'à terme le catholicisme leur soit apparenté.

Mais, rappelons-le, ces jeunes gens, obéissants, dévoués
et combatifs, prenant fait et cause pour la haute figure
paternelle qu'incarne le pape, sont une minorité. Pour la
majorité des jeunes générations, le pape n'est qu'un vieil
enjuponné, représentant d'une institution poussiéreuse
qui s'est compromise avec tous les pouvoirs et qui n'a
même pas l'attrait exotique et la bienveillance d'un Dalaï-
Lama.

Et ne nous laissons pas aller à croire que les jeunes
générations (celles qui ne fréquentent pas les églises)
seraient moins généreuses, moins éprises d'absolu et
d'engagement que les précédentes.

Il y a beaucoup de jeunes gens et de jeunes filles dési-
reux de donner sens à leur vie, prêts à donner leur vie,
mais qui veulent le faire les yeux ouverts, l'intelligence en
alerte. Doit-on leur dire : « Soyez les bienvenus, veuillez
déposer votre intelligence, votre esprit critique et votre

liberté de juger et de parler au vestiaire, ne vous inquiétez pas, le pape et les évêques les auront sous bonne garde. Désormais, il vous suffit de faire ce qu'on vous dit de faire, de croire ce qu'on vous dit de croire » ?

Écoutons le Christ appeler ses disciples : « *Venez et vous verrez*[1]. » Il ne leur demande aucun serment d'allégeance, aucune promesse d'obéissance.

Que faire pour que l'enseignement du Christ, son exemple soient perçus comme attirants par les jeunes générations ? Pourtant le christianisme n'est pas une religion de dignes et sages vieillards aux pas et aux paroles mesurés. Le Christ lui-même était un homme jeune, tout juste trentenaire. Et Étienne, le premier martyr, était un jeune homme.

Ils donnent des vocations dit-on !

Combien d'entrées au séminaire cette année en France ? 120, 130 ? À peine… Combien seront-ils à la sortie ? 70 ou 80, dans le meilleur des cas.

Nous ne nous en réjouissons nullement et ne reprochons rien aux généreux jeunes gens qui se présentent dans les séminaires. Bien au contraire, nous les soutenons, les bénissons et prions pour eux parce que leur choix de vie est rude. Nous faisons simplement observer qu'il n'y a pas de retournement statistique, pas de jeune garde.

On a cru atteindre un palier, autour de 100 ordinations par an en France, mais l'érosion continue.

---

1. Jean 1, 39.

Certains soulignent que ce sont les milieux les plus traditionnels qui fournissent les plus gros contingents de vocations.

Si l'on regarde la « tendance » depuis dix ans, force est de constater que c'est assez vrai. Deux courants se conjuguent. Un nombre non négligeable de garçons qui veulent être prêtres se tournent vers des formations « traditionnalistes [1] ». Et dans les séminaires plus « ordinaires », diocésains, les jeunes gens qui entrent font petit à petit changer les choses en faveur de pratiques de plus en plus classiques, voire conservatrices ou réactionnaires.

Les prêtres les plus récemment ordonnés sont significativement plus attachés que leurs aînés aux signes extérieurs de dévotion, aux ornements cultuels, liturgiques et vestimentaires.

Faut-il en conclure que si l'Église dans son ensemble était plus « traditionnelle », il y naîtrait plus de vocations ?

C'est aller un peu vite en besogne. C'est supposer que les gens qui ont rompu avec la pratique religieuse, et se sont éloignés de l'Église catholique depuis trente ou quarante ans, l'ont fait parce que l'Église était trop « moderne ». Or rien, absolument rien ne corrobore cette interprétation. C'est même l'inverse. Quand on interroge les gens sur les raisons de leur désaffection, les reproches qui sont faits à l'Église sont d'avoir été incompréhensible, moralisatrice, éloignée des préoccupations communes des gens.

Les gens ne sont pas partis parce que des laïcs en responsabilité étaient trop autoritaires ou parce que la messe

_____

1. Fraternité Saint-Pierre, Saint-Martin, Christ-Roi et autres instituts particuliers…

n'était pas célébrée avec suffisamment de dignité, mais parce que leur curé « ne les écoutait pas », « ne comprenait rien », « les jugeait ».

Et en définitive, ce qui a changé, ce n'est pas que des « curés » fassent de la morale de « curé ». Ce qui est nouveau, c'est qu'aujourd'hui, la plupart des gens haussent les épaules et s'en vont sans se sentir particulièrement coupables. On peut conclure à la dépravation généralisée de la société qui n'éprouverait plus ni « sens du péché », ni « crainte de Dieu ». Il nous semble plus juste de penser que nos contemporains ont conquis, à cause des progrès de l'éducation et de la modification des modes de vie, une plus grande autonomie de jugement, et qu'ils ne confondent pas le « bon Dieu » et monsieur le curé.

Quant à l'autorité du pape, on voit bien qu'elle tient davantage à l'appréciation qui est faite de ses qualités humaines et au jugement qui est porté sur son action, qu'à la révérence qui lui serait due par « droit divin ». Cette situation est bien sûr la conséquence de l'extension de la culture démocratique.

Vous avez dit démocratie ?

Ah, la culture démocratique, cet épouvantail que brandissent les milieux les plus intégralistes[1]. Ce serait elle la coupable. Car, ne cessent-ils de répéter, l'Église n'est pas une démocratie, on ne choisit pas la « Vérité » par vote.

---

1. Le terme « intégraliste » englobe les « intégristes », séparés de Rome depuis le schisme conduit par Mgr Lefebvre, et les mouvances traditionnalistes demeurées fidèles à Rome. Le rejet de la démocratie est l'un de leurs points communs.

L'argument est très faible. D'abord parce que c'est bien l'ensemble du Peuple de Dieu, Corps du Christ, qui reçoit promesses et grâces divines, et non quelques-uns. Quoi de plus démocratique? Quant à l'objection selon laquelle l'Esprit ne s'exprimerait pas par vote, elle se heurte à quantité de contre-exemples. En voici trois. D'abord, l'élection du pape. Le corps électoral, le collège des cardinaux [1], est certes étroit mais les électeurs votent, très longuement parfois, jusqu'à ce qu'une majorité des deux tiers soit obtenue.

Ensuite, les processus conciliaires revêtent, depuis toujours, des formes démocratiques, débats, votes et exigences de majorité qualifiées. Et l'Esprit Saint, réputé assister aussi bien les cardinaux électeurs que les pères conciliaires, le fait depuis toujours dans le cadre des scrutins [2].

Le dernier exemple se situe au tout début des Actes des Apôtres, lors de la désignation du douzième apôtre, en remplacement de Judas. Il y a d'abord un accord sur les critères qui doivent présider au choix (avoir suivi Jésus depuis les origines), et ensuite, après que deux candidats ont été proposés, un choix par tirage au sort [3]. On notera que Pierre, qui met en œuvre ces dispositions et qui dans

---

1. Il est réputé « représentatif », non en droit, mais par le fait qu'il est maintenant international.

2. Il en est de même depuis toujours dans les chapitres monastiques.

3. Le tirage au sort est l'une des alternatives de la mise au vote. C'est une procédure qui est considérée par les juristes comme appartenant de plein droit à un mode démocratique de choix, dans la mesure où il ne s'agit pas du choix du « prince », processus autocratique. Il constitue une alternative à la désignation par le mode électif qui risque d'être entachée de démagogie. Le droit français connaît encore un processus de désignation par tirage au sort, celui des jurys populaires des cours d'assises.

ces circonstances, manifeste une autorité indiscutable, ne croit pas devoir désigner lui-même le meilleur des candidats. Sans doute, en ces temps fondateurs, le prédécesseur de tous les papes ne se savait-il pas infaillible !

Un fidèle catholique doit-il renoncer à la culture du débat et du dialogue et répudier les acquis des processus démocratiques, au prétexte qu'en régime catholique, tout viendrait de Dieu par voie hiérarchique ; c'est-à-dire, « tombant » de Dieu au pape, du pape aux évêques, des évêques aux prêtres, et des prêtres au peuple ? Pourquoi Dieu ne s'exprimerait-il pas par le Corps du Christ tout entier ?

Et comment ne pas entendre des accents totalitaires dans les propos des responsables catholiques qui requièrent l'obéissance des catholiques comme « preuve » de leur foi ! Sur ces bases, il ne faudra pas s'étonner qu'on ne recrute en vue de la prêtrise qu'un certain type de candidats[1]. On exclut *de facto* les jeunes gens « contaminés » par la culture contemporaine : ceux qui voudraient être au service du peuple, être des hommes de dialogue, d'ouverture et de communion, tous ceux qui croiraient que l'Esprit Saint parle aussi par l'intermédiaire du Peuple de Dieu, du grand Corps vivant du Christ, et pas seulement par sa tête, tous ceux qui auraient l'idée que « leur métier de prêtre » pourrait être d'écouter et pas seulement de parler. On peut, sans risque de se tromper, prédire que si l'on persiste en haut lieu à exalter la figure « surnaturelle » du prêtre, à insister sur sa distinction d'avec le

1. Le discours de Mgr Bruguès devant les directeurs de séminaires, à Rome en juin 2009, est à cet égard tristement édifiant. Il a été publié par la *Documentation catholique*, n° 2427, 5 juillet 2009.

« vulgaire » en réinstallant une ancienne phraséologie sacrale, on recrutera de plus en plus exclusivement des jeunes gens d'une sensibilité religieuse passéiste, pour ne pas dire archaïque... Non chrétienne, assurément.

L'Église a les prêtres qu'elle appelle. Il y a un « profil de poste » implicite. Il ne faut donc pas s'étonner que majoritairement, les candidats ressemblent à ce profil. Depuis dix ou quinze ans, la figure du Curé d'Ars est donnée en modèle aux candidats au ministère presbytéral. Ne soyons pas surpris de nous retrouver avec des collections de « mini Curés d'Ars », des « Arsillons », comme les nomment les gens de la région d'Ars qui les voient défiler. Reste à savoir si cette figure de prêtre est d'un quelconque usage aujourd'hui.

On pourra aussi, à juste titre, s'interroger sur les motivations profondes de jeunes hommes qui choisissent en connaissance de cause cette vie de « séparés », qui pensent avoir reçu un appel divin à être des administrateurs des choses sacrées et qui se projettent dans une figure de « lieutenants de Dieu », chargés d'exercer l'autorité comme étant « en lieu et place du Christ ».

On pourra de la même façon se demander quelle population, quel peuple de croyants recevra avec joie et bienveillance ce type de prêtre.

La faute à Vatican II ?

Tout d'abord, il y a deux types d'accusation. Pour certains, les plus intégristes, c'est le concile lui-même qui est une catastrophe, c'est par lui que le malheur arrive. Il faudrait donc supposer que les 2500 évêques réunis en quatre sessions successives, de 1962 à 1965, et qui ont voté les textes à des majorités écrasantes (en moyenne, moins de 5 % de votes négatifs), ont été saisis par le diable[1].

Pour d'autres, ce ne sont pas les textes du concile qui sont fautifs, mais leur mise en œuvre. Il y aurait eu « des excès ». Par le mot « excès », sont visés principalement des « a-peu-près » liturgiques. Et ce sont ces « excès » qui auraient vidé les églises.

L'accusation a autant de crédit que celle qui dans la société civile met en lien le nombre d'émigrés et le taux de chômage. Ce n'est pas parce que deux phénomènes sont concomitants qu'ils sont liés. Mais l'argument est facile, rapide à énoncer, alors qu'il faut du temps et de l'attention pour le démonter.

Il faut se reporter aux travaux décrivant finement les importantes modifications sociologiques de nos sociétés depuis quarante ans pour tenter d'analyser les raisons véritables de la désaffection de nos contemporains vis-à-vis de la proposition religieuse institutionnelle catholique[2]. Proposition institutionnelle en effet, car ce que nos contemporains ont abandonné, ce sont les rites, les pratiques. On ne va plus à la messe le dimanche, on ne va plus se confesser. On fait encore un peu baptiser ses enfants, on aime encore bien se marier à l'Église pour

1. On notera que Mgr Marcel Lefebvre, le chef de file des intégristes, qui se séparera de Rome en 1988 en procédant à des ordinations épiscopales hors de la communion catholique, a voté tous les textes du concile à l'exception de la *Déclaration sur la liberté religieuse*.

2. Notamment aux travaux de sociologues comme Émile Poulat ou Danièle Hervieu-Léger.

donner de la solennité à la chose, on tient encore à ce que ses parents, ses grands-parents soient enterrés à l'église, parce qu'« on n'est pas des chiens ».

Les chiffres de la « croyance » ont certes baissé eux aussi, mais pas du tout dans les mêmes proportions que ceux de la pratique. Et de façon singulière, les plus jeunes (18-25 ans) sont les plus nombreux à croire qu'il y a quelque chose après la mort, même s'ils ne savent pas bien dire quoi.

Si on regarde les chiffres de près, on observe, pour la France, que la baisse de la pratique précède largement le concile, de plusieurs dizaines d'années [1]. Que cette même pratique semble « remonter » au moment du concile, pour chuter de nouveau à partir de 1968. Là, quand on fait des enquêtes qualitatives (avec des entretiens), on constate que ce ne sont pas les « événements » de 1968 qui comptent, mais plus sûrement l'impact de l'encyclique *Humanae Vitae* [2] sur le contrôle des naissances. Ce texte, totalement à contre-courant de ce que vivaient les sociétés, marque une rupture forte de la confiance de beaucoup de fidèles, et principalement des femmes. Or perdre les femmes, cela signifie perdre les enfants et à terme perdre les prêtres. On sait la place éminente des mères en faveur des vocations, nous sommes en train d'en « payer » le prix fort !

Et peut-être ont-elles raison, ces femmes, de ne pas faire confiance à une institution qui ne leur fait pas

1. Le célèbre livre *France, pays de mission*, de Henri Godin et Yvan Daniel, date de 1943.
2. Publiée le 25 juillet 1968.

confiance ! Peut-être ont-elles raison de refuser leurs fils à une institution qui montre si peu de « compassion »? Ce sont des questions désagréables que nous devons nous poser...

Mais la baisse des vocations n'a pas pour unique raison la défiance des femmes. Le nombre de vocations en France avait déjà baissé de moitié dans les dix années qui précèdent le concile.

Car l'Église d'avant le concile n'est pas une Église triomphante et en bonne santé. Si le pape Jean XXIII et les évêques à sa suite entreprennent cette mise à jour (*aggiornamento*) de la situation de l'Église par rapport au monde moderne, c'est parce qu'il y a urgence. Depuis trop longtemps, le message du Christ n'était plus audible dans la langue des hommes et des femmes « ordinaires ».

Il est aisé de refaire l'Histoire : autrefois était un monde doux et tranquille, dans le plus petit des villages il y avait un bon prêtre, et chaque dimanche, à l'heure de la messe, à l'exception de quelques abominables libres-penseurs sans foi ni loi qui trinquaient au café de la Mairie, la communauté villageoise se retrouvait à la messe. Et puis vint le concile, arriva un jeune curé « moderne » avec sa guitare et son polo en nylon, qui distribuait des tracts de la CGT, qui disait la messe sur une nappe à carreaux, et il n'y eut plus personne à l'église... Et plus personne au café non plus, car il avait fermé, ce qu'on peut difficilement imputer aux « excès » du concile...

Arrêtons les histoires pour les petits enfants, les contes à dormir debout. Le concile de Vatican II a coïncidé

avec le plus grand changement anthropologique[1] jamais
enregistré dans l'histoire humaine en un temps aussi bref.
Si grand que nous avons peine à en prendre conscience :
le contrôle de la fécondité et l'émancipation des femmes,
les progrès fulgurants de la médecine, de l'hygiène et
l'augmentation sans précédent de l'espérance de vie, les
communications mondiales et globales (il y aurait 5 milliards d'abonnés au téléphone portable dans le monde,
sur 6 milliards et demi d'humains… À croire que les bébés
en ont un dans leur berceau).

Nous ne pouvons que le répéter, on ne peut pas
comprendre ce monde, notre monde avec des concepts et
des systèmes de pensée faits pour un autre monde.

Ce ne sont ni le concile ni ses « excès » qui font peser
un péril sur l'Église, c'est son immobilisme, sa paresse
intellectuelle et spirituelle. Se réfugier dans l'illusoire
sécurité d'une tradition sacralisée, à laquelle on ajoute
toujours un grand « T », c'est faire offense à la véritable
richesse de la Tradition vivante qui est le livre de notre
histoire, de l'histoire de la foi et des croyants.

Chaque génération doit y ajouter sa page pour les
générations qui viennent. Et il ne s'agit pas de protéger « des traditions », qui sont des habitudes culturelles,
mais de puiser dans l'intelligence de nos prédécesseurs,

---

1. Il est intéressant de noter que la Pologne, grand pays catholique qui mit
en œuvre les orientations conciliaires mais dont la société resta figée sous le
joug communiste, ne connut la désaffection de la pratique qu'à partir des
années 1990. La haute figure du pape polonais Jean-Paul II atténua le « choc »,
mais le nombre d'ordinations a baissé de moitié ces quinze dernières années.
Preuve expérimentale que ce n'est pas le concile qui est la cause de la désaffection mais les changements sociaux et culturels. (Reprise des propos du sociologue Nicolas de Brémond d'Ars lors du débat « Vatican II, faut-il tourner la
page », église Saint-Merri, Paris, mars 2010).

dans leur foi et dans leur expérience. Ils ont laissé le témoignage de leur audace. Ils ont cherché à incarner la Bonne Nouvelle, à la rendre audible pour les hommes et les femmes de leur temps. Ce ne sont pas de leurs solutions dont nous avons besoin mais de leur foi et de leur courage.

Il n'y a pas que l'Europe!

C'est la consolation et la défense des hommes de Rome. Il y aurait suffisamment de jeunes Églises, en Afrique, Amérique latine ou Asie pour « compenser » la perte de la vieille chrétienté épuisée, pourrie de matérialisme et d'individualisme.

Comment ne pas voir que ces pays sont guettés par la même révolution anthopologique que la nôtre, qu'elle est déjà en route, et qu'à supposer (à espérer) que ces pays ne demeurent pas dans la misère et le sous-développement, dans cinquante ans, au plus, ils connaîtront le même bouleversement que nous, avec les mêmes conséquences?

Et là, où ira-t-on chercher la « relève » des prêtres manquants? Sur Mars?

Les pas du Ressuscité

En conclusion, ce n'est pas dans le passé que nous avons à chercher des issues. Le Christ est toujours celui qui marche devant. C'est lui notre Vérité. La vérité n'est pas enfouie dans d'anciens grimoires, ni au fond des cavernes, ni dans les tombeaux. Elle marche en tête. Elle a les traits d'un jeune homme aux paroles de feu.

Écoutez cette séquence de la grande bénédiction de Pâques : *« Ils sont finis les jours de la Passion, suivez maintenant les pas du Ressuscité. »*

Voilà notre programme !

6

Dans la famille Église, on demande les baptisés

SUIVRE les pas du Ressuscité, c'est ce que nous faisons symboliquement le dimanche 11 octobre 2009. Nous sommes un peuple relevé, un peuple debout, et nous nous mettons en marche. Nous ne sommes ni des gens « rassis », comme le pain de la veille, ni des gens arrivés. Cette idée de marche a germé au cours du printemps. La marche appartient profondément au patrimoine religieux aussi bien juif que chrétien ; première marche d'Abraham, quittant son pays pour aller où Dieu le mène, marche de libération, lors de la sortie d'Égypte, marche de constitution du peuple au désert pendant quarante ans. Et les évangiles ne cessent de décrire Jésus marchant avec disciples, apôtres, ami-e-s, et parlant en chemin. Après Pâques, c'est encore au cours d'une marche que les disciples d'Emmaüs vont rencontrer le Ressuscité.

Alors, nous aussi, nous allions marcher. Marcher contre l'immobilisme et le conservatisme frileux, marcher contre les tentatives de retour en arrière, marcher au-devant de notre avenir. Marcher en étant certains que le Christ marche au-devant de nous, à la fois en avant et à notre rencontre. Marcher et parler en chemin, en nous écoutant les uns les autres.

En marche

Ce 11 octobre, il y a eu des marches dans plusieurs endroits en France, réunissant un peu plus de 500 personnes. La marche principale eut lieu à Paris, des Arènes de Lutèce à la place Saint-Sulpice. Oh, ce n'est pas un long pèlerinage, pas du tout un exploit sportif, deux kilomètres et demi.

On pourrait penser que ce n'était presque rien, mais beaucoup de grandes choses sont nées plus petites que cela, à commencer par la première communauté de ceux qui se sont réclamés de Jésus-Christ...

Nous l'avions nommée Première marche des « cathos-citoyens ». Nous avons marché au nom de l'article 208 du droit canonique qui dit la chose suivante : *« Entre tous les fidèles, du fait de leur régénération dans le Christ, il existe quant à la dignité et à l'activité, une véritable égalité en vertu de laquelle tous coopèrent à l'édification du Corps du Christ, selon la condition et la fonction propres à chacun. »*

Quant à l'usage du mot citoyen qui peut sembler étrange dans la bouche de catholiques, on le trouve déjà, sous la plume de saint Paul, dans la lettre aux Éphésiens : *« Ainsi donc, vous n'êtes plus des étrangers ni des hôtes ; vous êtes concitoyens des saints, vous êtes de la maison de Dieu*[1]. *»*

Le bonheur du calendrier nous faisait aussi marcher 47 ans jour pour jour après l'ouverture du concile de Vatican II par le pape Jean XXIII.

---

1. Épître aux Éphésiens 2, 19.

Alors certes, nous marchions, mais dans quel but?

Il faut dire que depuis que nous avions créé le Comité de la jupe, le paysage avait changé. Le « sale hiver » 2009 était passé par là ! Nous n'étions pas les seules à nous être « réveillées ». Nous avons déjà dit comment nous avions été rejointes, d'abord par des femmes, et puis au cours du printemps et de l'été par des hommes, des prêtres, des religieux. La violence du choc subi en Église au cours de l'hiver avait, paradoxalement, vaincu beaucoup de lassitudes et de résignations. Ceux et celles qui nous rejoignaient étaient dans des sentiments divers et mêlés : la colère, la souffrance et l'envie de « tout plaquer », de laisser cette Église à ses démons, à sa ringardise. Mais les mêmes nous disaient : « Retenez-nous. Cette Église, au fond, nous l'aimons, c'est notre maison, alors, s'il y a avec vous une chance de mieux y vivre, de mieux la faire vivre, nous sommes prêts à la tenter. »

Nous avions, au cours de l'été, médité sur ce qui nous arrivait. Nous étions profondément troublées par ces demandes, par cette espérance qui nous sollicitait. Non, vraiment, nous n'avions pas imaginé cela. Où cela allait-il nous mener? Qu'allions-nous en faire?

Dès les premiers jours de septembre, alors que la marche d'octobre s'organisait, que déjà autour de nous se levaient des hommes et des femmes qui acceptaient non seulement de nous accompagner, mais d'apporter leur aide et leur compétence, nous avons cherché quel avenir nous allions donner au mouvement qui commençait. Ce n'était pas tout de marcher, de dire haut et fort que nous étions des chrétiens et des chrétiennes adultes et responsables, que nous nous prenions en main. Encore fallait-il dire quelque chose de nos engagements.

Qui sommes-nous ? À quoi sommes-nous appelés ?

Il était clair que, déjà, nous n'étions plus la poignée de femmes exaspérées par la misogynie cléricale, mais des hommes et des femmes, catholiques, certains laïcs, d'autres clercs, accablés par ce qu'ils percevaient de l'évolution d'une partie de l'Église catholique. Nous voyions aussi les manœuvres de la petite frange, nostalgique et revancharde, qui revendique d'être seule représentante de la légitimité « de toujours », accentuer sa pression, souvent avec succès, sur certains responsables catholiques, frileux, sans imagination et sans vision d'avenir.

Pourquoi cette minorité est-elle si aimablement entendue alors qu'elle insulte une partie de l'épiscopat français à longueur de colonnes et de blogs ? Sans doute parce qu'elle prétend être l'avenir, attirer « les jeunes » et donner des vocations de prêtres…

Pour une institution qui, malgré toutes ses dénégations, se sait menacée, les soi-disant « bataillons de jeunes » issus de ces courants sont un élixir de jouvence.

Et même si beaucoup de responsables ne sont pas dupes de la réalité numérique et fonctionnelle de cette soi-disant « relève », entre une réalité sombre et complexe et l'illusion, ils préfèrent l'illusion ; c'est très humain !

Or, nous, et tous ceux et celles qui nous rejoignent en cet automne 2009, ne sommes ni une relève, ni une riposte. Nous ne surgissons pas de nulle part, nous sommes connus de tous. Nous sommes ceux et celles qui font fonctionner l'Église catholique tous les jours, ceux grâce à qui les églises sont ouvertes, les petits enfants et leur famille préparés au baptême, les jeunes gens accueillis pour leur mariage, les familles en deuil consolées et accompagnées dans leur chagrin. Nous sommes ceux et celles qui font le catéchisme, qui forment les chefs scouts et guides, ceux et celles qui organisent des groupes d'étude de la Bible, qui font des formations de théologie, qui réunissent des groupes de prière, qui militent au Secours catholique, à l'ACAT[1], au CCFD et dans les centaines d'associations chrétiennes et catholiques, qui luttent contre les injustices, accompagnent les plus faibles et les plus démunis, qui visitent les malades dans les hôpitaux, les détenus dans les prisons. Et parmi nous, ceux qui sont prêtres célèbrent la messe, annoncent aux pécheurs le pardon de Dieu, baptisent, marient… Enfin, bref, nous nous sommes regardés et nous avons vu les visages des baptisés, tout simplement.

Ce fut une grande découverte, une sorte d'illumination, une joie profonde et intense. Nous sortions tout juste d'un épisode qui avait vu de douloureux clivages dans l'Église, et nous nous retrouvions ensemble, avec l'envie de faire quelque chose. Et la raison de notre présence, c'était cette merveille que nous partagions : nous étions des baptisés!

Dans ce baptême, nous pouvions célébrer notre fraternité et notre commune vocation. Nous étions, à cause de notre baptême, convoqués à la vigne du Seigneur. Le monde nous était confié pour que nous le tournions vers Dieu, pour que nous lui donnions à voir et à entendre la miséricorde du Père. Notre baptême n'était pas notre passé mais notre avenir.

---

1. Action des chrétiens pour l'abolition de la torture.

Dès l'instant où nous avons pris conscience de cela, nous avons su où était notre responsabilité.

En introduction à la marche du 11 octobre, nous avons déclaré : «*À tous, nous disons que nous regardons l'avenir et que nous le préparons, sans quitter l'Église. Nous reconnaissons l'Église comme la maison de notre passé et de nos racines, et comme celle de notre avenir et de notre espérance; notre maison de famille. Et c'est pourquoi nous l'aimons. À cause de cet amour nous ne pouvons ni partir, ni nous taire*[1]. »

« Ni partir, ni nous taire. » C'est à cause de ces mots que beaucoup nous ont rejointes et nous rejoignent encore. Ces simples mots résument l'aventure dans laquelle nous nous sommes lancées.

Mais évidemment, le Comité de la jupe ne pouvait pas accueillir cet élargissement de la perspective. Il fallait imaginer une enveloppe bien plus large.

Ce fut la Conférence catholique des baptisé-e-s de France, CCBF, qui naquit ce 11 octobre 2009, par proclamation et acclamation sur la place Saint-Sulpice[2]. Pour les amateur-e-s de tourisme spirituel, il n'y a pas encore de plaque mémoriale, mais ça viendra sûrement.

La CCBF, mais encore?

Voilà, c'était fait, il avait suffi de quelques mots, et la barque était lancée. Nous ne savions pas si elle allait flotter. Nous ne savions toujours pas très bien où nous allions, mais nous nous sentions un peu comme

1. Texte en annexes, p. 239.
2. Texte en annexes, p. 241.

Christophe Colomb, la foi nous tiendrait lieu de carte de navigation.

Le continent vers lequel nous avions l'intention d'aller était (c'est toujours) l'avenir de l'Église et du christianisme, un avenir large et ouvert, loin des recroquevillements d'un « petit reste » sur des certitudes sectaires.

Nous étions bien certaines que cet avenir existait, nous sommes bien certaines que cet avenir existe, et ce pour deux excellentes raisons, l'une solide, l'autre très solide. La raison solide, c'est que cet avenir, nous avons bien l'intention de contribuer à le faire advenir. La raison très solide, c'est que nous sommes assurées que Dieu est engagé en faveur de cet avenir. La phrase du Christ : « *Tu es Pierre, et sur cette pierre je bâtirai mon Église, et les Portes de l'Hadès ne tiendront pas contre elle* [1] », toujours citée pour établir la primauté de Pierre et la pérennité de l'Église, est une promesse faite, à travers Pierre, aux pierres vivantes de l'Église. Quoi que proclame la coupole de la basilique Saint-Pierre à Rome (*Tu es Petrus*), ce n'est pas la pérennité de l'organisation cléricale, de ses édifices et de ses pyramides qui est garantie, mais celle de l'Église Corps du Christ, vivante et palpitante, sans cesse offerte au monde.

Voilà avec quel « viatique » nous nous étions embarquées, et nous savions que la barque allait être secouée. Mais le Seigneur, certes endormi, ne nous garde-t-il pas ?

Mais, direz-vous, n'est-ce pas la barque de l'Église qui bénéficie de la bienveillance du Seigneur ?

Il est vrai que l'Église est traditionnellement comparée à une barque, on en fait parfois une sorte d'Arche de

---

1. Matthieu 16, 18.

Noé dans laquelle il faudrait se réfugier pour être sauvé. Les méchants esprits diront qu'au train où vont les choses, ce sera bientôt « le radeau de la Méduse ».

Mais puisque nous sommes dans les images de navigation, pourquoi l'Église ne serait-elle pas une flottille composée de nombreuses embarcations? De la même façon qu'il y a de nombreuses maisons dans la maison du Père, il y aurait là une belle et précieuse idée de pluralité[1]. Car c'est l'un des faux-sens trop souvent commis à propos du catholicisme que de confondre l'unité avec l'uniformité.

Mais au final, il reste que nous étions bel et bien embarquées.

Avec la CCBF, nous prenions donc un engagement sur et pour l'avenir, et en attendant, il fallait faire face au présent. Symboliquement, le 11 octobre au soir, grâce à nos amis providents engagés avec nous et pleins de compétence, nous avons ouvert le site de la Conférence des baptisé-e-s de France[2]. Dès les premiers jours, les inscriptions ont afflué. Et nous nous sommes rendu compte que nous avions ouvert deux vastes chantiers. D'une part, il nous fallait approfondir les intuitions de la CCBF, et nous ne pouvions l'apprendre que de l'expérience et non d'un savoir préétabli, et d'autre part, il nous fallait accueillir tous ceux et celles qui se reconnaissaient dans ce désir de bâtir et d'inventer une façon renouvelée d'être des chrétiens catholiques.

---

1. Cette métaphore n'exclut nullement qu'il y ait une figure de navire-amiral.
2. www.baptises.fr

Ni partir ni nous taire

Nous avons eu à accueillir, et nous continuons à le faire, beaucoup d'espérance, et aussi beaucoup de souffrance : quand l'Église qu'on aime va mal, on a mal. C'est une façon douloureuse de découvrir que l'Église est un corps et qu'on fait partie de ce corps.

Beaucoup de ceux et celles qui nous ont rejointes espéraient que nous avions les moyens de faire cesser le mal, c'est-à-dire de « réparer l'Église », d'en retirer ce qui fait souffrir.

Nous savions que ces moyens, nous ne les avions pas, mais nous pensions que nous avions un autre remède.

Nous avons décidé de marcher sur deux pieds, deux slogans.

Le premier : « Ni partir ni nous taire. »

C'est une réponse à la fois à ceux qui nous disent qu'ils n'en peuvent plus et qu'ils vont partir, mais aussi à d'autres qui ne cessent de nous répéter : « Si vous n'êtes pas contentes, partez! » ou, plus abruptement : « Taisez-vous ou partez! », comme si parler était un crime contre l'Église. Mais les baptisés ont le droit de parler. Il y a même un article du droit canon qui le stipule explicitement[1]. L'obéissance chrétienne, ce n'est pas, comme le disait un ministre de la République : « Fermer sa gueule ou partir »! Les baptisés ne sont pas une sorte d'armée qui marche au doigt et à l'œil et qui aurait le devoir d'être « La Grande Muette ». Bien au contraire. Les baptisés (confirmés) *« ont le devoir et le droit de travailler à ce que le*

---

1. Canon 212, cité en annexes p. 246-247.

message divin du salut atteigne sans cesse davantage tous les hommes de tous les temps et de tout l'univers [1] ». Et pour ça, il faut bien qu'ils deviennent responsables de leurs actes et de leurs paroles.

Nous voilà donc dans l'Église catholique qui est notre bien, notre demeure, dont nous ne nous laisserons pas expulser. Et nous n'allons pas non plus nous taire.

« Les catholiques » ne sont pas une voix unique qu'exprimerait principalement le pape, et que relaieraient plus ou moins servilement les évêques, à charge pour les fidèles de se taire ou de bêler en chœur.

Le rôle du pape et des évêques est de manifester et de célébrer la communion de tous les membres du Corps. Et la communion n'est pas l'uniformisation. Dans la pluralité et la complexité du monde contemporain, l'Évangile a plus que jamais besoin d'être annoncé selon des modes et des charismes variés.

Le talent particulier du catholicisme, au long des siècles, a été de laisser cohabiter la pluralité des talents et des charismes, de s'adapter aux cultures afin de ne pas être tributaire d'une seule. Certes, le protestantisme, les protestantismes se sont aussi adaptés aux cultures. Mais la contrepartie chez nos frères protestants est l'éclatement, de sorte qu'on ne sait guère quelle unité demeure entre les différentes Églises.

L'orthodoxie, quant à elle, est si puissamment inculturée que chaque Église locale, profondément marquée par sa culture, son enracinement, a les plus grandes peines à échapper au nationalisme et à retrouver sa vocation universelle.

---

1. Canon 211.

Le catholicisme est demeuré dans une perspective universelle. Historiquement, il a admis une grande pluralité dans les modes d'expression et réussi à sauvegarder la communion[1].

C'est à cette richesse du catholicisme que nous sommes attachées. Mais elle suppose que la parole continue à circuler, que la diversité des charismes soit reconnue et même soutenue et encouragée. Cela suppose de demeurer dans des dispositions d'ouverture, d'accueil et de bienveillance envers les différentes cultures. Cela suppose de reconnaître que le plus beau talent du catholicisme, jamais assez souligné, c'est le métissage.

Voilà pourquoi, au nom de la fidélité, nous revendiquons de ne pas nous taire et d'exprimer, selon notre charisme, une voix catholique. Et si nous parlons mal, qu'on nous dise ce que nous avons dit de mal[2] !

Nous ne demandons rien, mais nous espérons tout

Notre deuxième slogan : « Nous ne demandons rien, mais nous espérons tout », est celui qui à la fois est le plus difficile à entendre et celui qui fonde notre identité.

---

1. Il s'est fait impérial, féodal, monarchique, il apprend à être républicain et démocratique. Il s'est fait grec, romain, égyptien, barbare, puis français, espagnol, autrichien, polonais, américain... Il apprend à être philippin, indien, africain. Il a été roman, gothique, classique, baroque... Qu'est-il aujourd'hui ? Nostalgique ? On se souviendra qu'en matière de rite, la messe selon le missel de saint Pie V ne s'impose en France que vers 1860, et que « l'éternel grégorien », oublié pendant plus de quatre cents ans, a été « réinventé » par Dom Pothier à Solesmes dans les années 1880.

2. *« Si j'ai mal parlé, témoigne de ce qui est mal; mais si j'ai bien parlé, pourquoi me frappes-tu ? »*, Jésus devant le Grand Prêtre en Jean 18, 23.

Nous faisons le choix radical de ne rien demander, c'est-à-dire de ne pas produire de cahiers de doléances que nous présenterions à nos évêques ou à Rome pour demander que telle ou telle matière soit réformée dans l'Église.

Nous avons écarté cette voie pour deux raisons principales.

Tout d'abord parce que cette attitude reste infantilisante. Quelle que soit la façon de le faire, de façon respectueuse, comme de bons enfants, ou de façon véhémente, comme des ados furibonds, elle ne permet pas d'affirmer notre statut d'adultes capables de prendre nos responsabilités. Cette attitude nous maintient dans la dépendance, en situation de solliciteurs. C'est accepter que le pouvoir de changer les choses ne soit pas entre nos mains.

Or, précisément, le retournement nécessaire, impératif, salvateur que nous devons opérer, c'est de redevenir tous ensemble des acteurs, et c'est tout l'objet de notre action et de ce livre !

Ensuite, et notre deuxième raison est assez pragmatique : ça ne marche pas !

La phrase de l'Évangile : *« Frappez et l'on vous ouvrira, demandez et l'on vous donnera »* marche avec Dieu mais pas avec les hiérarques catholiques.

Nous pouvons, encore et encore, user nos poings jusqu'au sang sur les portes de bronze du système romain actuel, d'autres avant nous s'y sont essayés, en pure perte. Que leur expérience serve au moins à épargner nos forces !

Voilà pourquoi nous voulons effectuer un retournement radical : plutôt que de désespérer en rêvant vainement à une réforme de l'institution ecclésiale catholique, commençons par nous réformer nous-mêmes. Retrouvons notre mission fondamentale qui est la mission de l'Église.

En effet, l'Église est pour le monde, pas pour elle-même. Et nous, les baptisés, avons le devoir de nous tourner vers le monde parce que nous sommes les bras, les jambes, les mains de l'Église, et nous sommes aussi son cerveau, son intelligence, sa sensibilité. Tout cela, nous ne le sommes pas par usurpation, parce que nous voudrions un « pouvoir », mais à cause de notre baptême, à cause du sacerdoce commun des baptisés[1] qui fait de nous ces prêtres, ces prophètes et ces rois qui poursuivent la mission du Christ et qui ont la charge de rendre compte de leur espérance, de témoigner de la sollicitude de Dieu, de collaborer à l'œuvre de la Création, et de le louer pour tant de dons.

Aussi voulons-nous tourner le dos aux portes closes, aux cœurs fermés, aux esprits emprisonnés et vivre en plein monde, dans la liberté des enfants de Dieu, dans la liberté et dans la responsabilité.

Nous ne demandons rien à ceux qui n'écoutent même pas les demandes, nous espérons tout, parce que Dieu sait ce dont nous avons besoin avant même que nous l'ayons demandé. « ... *votre Père sait bien ce qu'il vous faut, avant que vous le lui demandiez*[2]. »

Point de passivité dans notre attitude, au contraire! L'espérance nourrit détermination, ténacité, créativité et responsabilité.

---

1. *Cf.* p. 89 et 92.
2. Matthieu 6, 8.

Exercer nos responsabilités

L'intuition fondamentale de la CCBF est bien un renversement de perspective. Il ne s'agit pas d'être le énième mouvement de réforme de l'Église, mais de faire une autre proposition, une proposition réaliste et constructive.

Le premier intérêt est « curatif ». C'est le remède dont il était question plus haut. Face à la souffrance, à la frustration que nous ressentons parce que l'Église, dans son fonctionnement institutionnel, ne ferait pas ce qu'elle doit, la meilleure attitude est d'agir de façon positive. Ce que l'Église institutionnelle ne fait pas, faisons-le autant que nos moyens nous le permettent.

Faisons l'inventaire de ce qui est possible aujourd'hui, telle qu'est l'Église, avec les « règles du jeu » actuelles.

Bien sûr, nous pouvons penser qu'il serait heureux d'accueillir dignement et pleinement les divorcés remariés et de les admettre à la communion eucharistique et à tous les sacrements. Oui, nous pouvons penser que si des hommes mariés étaient ordonnés prêtres, la figure du prêtre changerait en bien et que surtout, les communautés chrétiennes seraient mieux accompagnées et mieux « nourries ». On peut aussi imaginer qu'admettre des femmes parmi les prêtres soignerait une grande partie de la misogynie cléricale. Oui, on peut même espérer que Rome et les Églises locales fonctionnent de façon moins centralisée, moins autocratique. Et on peut rêver que l'Église catholique, dans sa façon de vivre, fasse vraiment vœu de pauvreté et de simplicité pour être fidèle au Christ pauvre, au Christ nu.

On peut espérer bien d'autres choses encore, qui ne dépendent pas de nous mais qui dépendent de changements qui auraient lieu en dehors de nous, au niveau institutionnel, et qui modifieraient « les règles du jeu ».

Devons-nous attendre, désespérer, gémir, pleurer, rager ? Nous disons NON. Il y a bien mieux à faire. Une seule question peut nous remettre en espérance :

QUE POUVONS-NOUS FAIRE DÈS MAINTENANT ?

Ce livre va vous inviter vous aussi à y réfléchir, et vous proposer de vous exprimer. C'est l'objet du chapitre 10.

Mais déployons d'abord les principales orientations que nous avons données à la Conférence des baptisé-e-s.

Cette responsabilité des baptisé-e-s, nous avons proposé qu'elle s'exerce d'abord suivant trois grands axes que nous avons nommés « ministères ». Ce n'est pas par hasard que nous avons choisi ce mot un peu particulier. En langage catholique courant, rappelons qu'un ministère est un service qui est confié pour le bien de la communauté. On nous objectera aisément que personne ne nous a confié quelque mission que ce soit. Eh bien si, il s'agit d'obligations que nous avons contractées du fait même de notre baptême (et de notre confirmation), par lequel nous avons reçu mission au nom de l'Église.

Ces trois « ministères » que nous avons reconnus dans notre vocation baptismale sont l'écoute, la bénédiction et l'espérance.

Le ministère de l'écoute

Par le ministère de l'écoute, nous exerçons simplement la dignité propre des baptisés. Hommes et femmes de

« bouche et d'oreille », nous écoutons ce que dit le monde, nous entendons, nous entrons en dialogue, entre nous et avec ceux qui ne connaissent pas le Christ. Écouter l'autre, c'est lui reconnaître sa pleine mesure d'humanité. Il nous suffit d'avoir les yeux tournés vers le Christ pour voir à quel point il exerça le tout premier ce ministère d'écoute. On pense très souvent à ce que Jésus dit, comme s'il n'avait fait que parler, alors que plus souvent encore qu'il ne prend la parole, il questionne. *« Que veux-tu que je fasse pour toi ?»*, *«Pourquoi m'appelles-tu bon ?»*, *«Qui s'est montré le prochain de l'homme blessé ?»*, en sont quelques exemples.

Jésus n'est pas un faiseur de sermon ou de catéchisme, c'est un homme de dialogue.

C'est à l'image du Christ que nous voulons remplir cette mission d'écoute.

Le ministère de la bénédiction

Exercer le ministère de la bénédiction est simplement témoigner en actes de la bienveillance de Dieu envers l'humanité. Cette bienveillance s'exprime dès l'acte créateur : *«Dieu vit que cela était bon.»* Elle s'exprime dans l'Incarnation du Fils : *« Dieu a tant aimé le monde qu'il a donné son Fils [...], Dieu n'a pas envoyé le Fils dans le monde pour juger le monde, mais pour que le monde soit sauvé*[1]*.»* Le Christ en est le témoin constant, il en est même l'expression vivante, en chair et en actes, depuis les Béatitudes jusqu'à la Croix : *«Père pardonne-leur : ils ne*

---

1. Jean 3, 16-17.

savent pas ce qu'ils font[1]. » Conformément à l'exemple du Christ, saint Paul ponctuera ses lettres de bénédictions et d'actions de grâces adressées aux communautés auxquelles il écrit : *« Je rends grâce à cause de vous... »*

Les hommes et les femmes de notre temps n'ont nul besoin que l'Église se joigne au chœur des prophètes de malheurs qui maudissent l'époque. Il suffit d'allumer la télévision pour entendre et voir, au journal du soir, la longue litanie des malheurs, scandales, crimes et guerres, ou plus simplement, le petit manège ridicule et pathétique des mensonges, susceptibilités et mesquineries diverses dont l'humanité se rend coupable quotidiennement. Ce dont notre époque, comme toutes les époques, a besoin, c'est qu'on lui rappelle, à temps et à contretemps, que ce pauvre monde n'est pas promis au néant mais qu'il est aimé et sauvé.

Exercer le ministère de la bénédiction, c'est apprendre à reconnaître, dans les petites et les grandes choses, la trace de la vocation divine de l'humanité, ce que le pape Jean XXIII appelait « les signes des temps », expression que ne cessent de railler tous ceux qui répètent à l'envi que ce monde va à sa perte. Ceux-là sont-ils chrétiens ? Croient-ils que ce monde est sauvé ou croient-ils que le Christ est mort en vain ?

Liée, tissée même à la bénédiction, au point que nous ne l'en avons pas distinguée, il y a la compassion. La bénédiction en actes s'exprime dans la compassion. Le langage chrétien classique dit amour ou miséricorde. Il nous semble que le terme de compassion exprime bien « ce vivre avec », cet acte d'aimer en étant pleinement engagé.

---

1. Luc 23, 34.

Oui, heureux sommes-nous, si à cause du Christ et à son exemple, nous sommes capables de pleurer avec ceux qui pleurent, de souffrir avec ceux qui souffrent, de nous réjouir avec ceux qui sont dans la joie, tout simplement.

Le ministère de l'espérance

Le ministère de l'espérance est la suite logique du ministère de la bénédiction. Si ce monde est sauvé, alors il a un avenir, et un avenir heureux. Notre temps si inquiet, à juste titre, a besoin de reprendre confiance. Et nous qui avons reçu les promesses divines, nous avons le devoir de rendre compte de notre espérance[1].

Le témoignage de l'espérance est l'une des missions les plus précieuses que nous avons à remplir. Y a-t-il plus belle chose à annoncer aux hommes et aux femmes de cette Terre que cet avenir ouvert où un Dieu bienveillant nous attend?

Entrevoir cela, même brièvement, change la vie! Notre espérance ne nous fait pas mépriser ce temps, bien au contraire. Elle est comme une lumière qui éclaire nos pas et rejette les ombres derrière nous. Ce monde n'est plus la vallée des ombres et de la peur, parce que la lumière de Dieu l'illumine déjà[2].

---

1. *« Et vous donc, soyez toujours prêts à rendre compte de l'espérance qui est en vous »* (Première Épître de Pierre 3, 15).

2. *« Le peuple qui marchait dans les ténèbres a vu une grande lumière, sur les habitants du sombre pays, une lumière a resplendi »* (Isaïe 9, 1, lecture de la nuit de Noël).

CCBF, question de nom

Nous nous sommes amplement expliquées sur notre fondement baptismal, il n'y a pas lieu d'y revenir, sinon pour souligner qu'il s'agit de baptisés sans distinction de leur état de vie, clercs ou laïcs fidèles du Christ.

Certains nous accusent d'usurper une légitimité en voulant récupérer « tous » les baptisés ou du moins de prétendre les représenter « tous ». De fait, il s'agit clairement « des » baptisés, article indéfini. Et pour prendre un contre-exemple, l'Action catholique générale des femmes (ACGF) n'a jamais été accusée de vouloir être la seule représentation des femmes, et n'a jamais prétendu l'être.

Nous ne prétendons nullement représenter « tous les baptisés », mais nous nous adressons à tous les baptisés pour les inciter à prendre la pleine conscience de leur baptême et de la mission qui y est afférente.

Le terme de « conférence » a fait davantage débat. On nous a reproché d'avoir choisi ce terme pour nous situer en vis-à-vis de la Conférence des Évêques de France.

Si en vis-à-vis signifie « en opposition », c'est bien sûr faux.

Le terme a été choisi pour indiquer qu'il s'agissait d'un lieu de parole, d'échange, nullement de contrainte, ce qui est je crois aussi le cas de la Conférence des Évêques, qui est une instance délibérative qui laisse chaque Évêque maître chez lui. De même, la Conférence des baptisé-e-s ne dicte aucun comportement aux baptisés qui prendront les responsabilités qui leur sembleront justes et nécessaires dans leurs engagements humains et ecclésiaux.

En conséquence, la Conférence des baptisé-e-s n'est ni un mouvement, au sens courant du terme, ni un groupe de pression, ni une spiritualité, c'est un lieu de prise de conscience et d'éveil à la responsabilité.

Nous sommes parfois interrogées sur notre identité « catholique », et de fait, la question s'est posée, car tous les chrétiens sont baptisés dans un seul baptême. C'est le questionnement de nos frères protestants qui nous a amenées à préciser Conférence « catholique ». En effet, c'est dans le cadre de l'ecclésiologie catholique que nous nous situons. Évidemment, notre engagement œcuménique est profond. Nous avons précisé dans la charte de la CCBF[1] que nous revendiquions un attachement profond au concile de Vatican II, qui fut marqué par un pas sans précédent en faveur du mouvement œcuménique de rapprochement des confessions chrétiennes.

Pour conclure, nous regrettons la prudence, parfois la défiance avec laquelle les évêques de France reçoivent cette initiative prise par des baptisé-e-s. Nous savons bien (parce que beaucoup nous l'ont dit) qu'ils sont chaque jour sollicités par de bruyants quémandeurs qui réclament des « droits » et des passe-droits au nom d'une soi-disant fidélité à un catholicisme « de toujours » et « immuable ». Nous savons que ces « quémandeurs » n'hésitent pas à dénoncer à Rome les prélats qui ne leur prêtent pas une oreille favorable.

Nous, nous n'avons demandé aux évêques qu'un peu de bienveillance. Dans la lettre que nous leur avons fait parvenir après la naissance de la CCBF, nous le leur

---

1. Document en annexes, p. 244-246.

disions dans les termes suivants : «*Nous ne vous deman- dons presque rien, mais un peu plus que le bénéfice du doute, un peu plus que la jurisprudence Gamaliel : " Si leur propos ou leur œuvre vient des hommes, elle se détruira d'elle-même; mais si vraiment elle vient de Dieu, vous n'arriverez pas à les détruire*[1]. *" Nous vous demandons votre bienveillance, au fond, votre bénédiction*[2].»

Ils furent moins de cinq, sur la grosse centaine d'évê- ques français en activité, à répondre ou accuser réception de ce courrier.

Nous en avons conclu qu'il nous fallait continuer tran- quillement ce que nous avions commencé. Nous nous sommes souvenues de notre devise : « Nous ne deman- dons rien, nous espérons tout. » Et notre espérance est en Dieu.

---

1. Actes des Apôtres 5, 38-39.
2. Lettre aux évêques de France, 29 octobre 2009.

7

Constat de faillite

EN cette fin d'automne 2009, quelques semaines après la naissance de la CCBF, nous accueillons ceux et celles qui, après la marche, ont décidé de nous rejoindre. Nous les invitons par petits groupes à une rencontre d'environ deux heures. Chaque fois, leur parcours et leurs attentes suscitent notre admiration : c'est la foi qui pousse ces femmes et ces hommes à chercher coûte que coûte un lieu de vie qui maintienne la flamme de leur foi, par la fréquentation de l'Écriture, par des échanges et, si possible, par des célébrations. Beaucoup nous disent que nous sommes la dernière porte à laquelle ils frappent avant de partir. Un refrain ponctue leur discours : « Le nouveau prêtre de la paroisse écarte les laïcs en place, en commençant par les personnes divorcées remariées, il dit qu'après le concile, on a fait " n'importe quoi ", il ressort les vieux ornements liturgiques, veut reculer l'autel au fond du chœur et écarte les fillettes du service de l'autel. Quand on va le voir, il écoute avec un grand sourire et conclut qu'on peut tout à fait aller ailleurs, parce qu'ici, c'est lui qui décide et que ce sera comme ça et pas autrement. »

Mais chez la plupart, la colère a, depuis longtemps, été dépassée et nous entendons surtout de la tristesse. Beaucoup ont suivi des formations et ont des engagements variés, de plus en plus hors des cadres paroissiaux classiques, au sein d'associations caritatives ou de mouvements spirituels. Ils parlent avec inquiétude de la transmission de leur foi. Les enfants de la plupart d'entre eux, même s'ils se disent encore chrétiens, ne veulent pas des compromis que leurs parents ont acceptés. Sans bruit ni scandale, ils se sont désintéressés d'une institution qu'ils jugeaient trop souvent infidèle au Christ et à l'Évangile.

Les écouter sur plusieurs mois, comme nous l'avons fait, donne un aperçu assez vertigineux de ce que sera l'Église demain dans nos pays occidentaux, quand l'imposante structure de l'institution se sera effacée et qu'il faudra réinventer une présence domestique de l'Église, non plus appuyée sur le quadrillage des paroisses et des clochers, mais sur les maisons chrétiennes qui seront de multiples petits foyers qu'il faudra maintenir en lien.

Pédophilie dans l'Église

C'est au milieu de ce travail de prise de contact avec ceux qui arrivent et d'organisation interne de la CCBF que nous parvient le tumulte causé par les scandales de la pédophilie. Les révélations sur l'Église irlandaise, d'abord, en novembre, font surgir l'inadmissible : des clercs ont abusé de plusieurs centaines d'enfants dans les années cinquante à quatre-vingt. Bientôt les Allemands eux aussi rompent la loi du silence et dévoilent de nombreux cas dans des établissements scolaires ou des mouvements de jeunes. La France qui a, depuis longtemps, installé des laïcs à la tête de ses établissements scolaires serait-elle épargnée? De fait, quelques affaires sont mises à jour, mais en règle générale, les évêques, depuis dix ans, ont appliqué ce qu'ils ont décidé après l'affaire de l'abbé Bisset, qui avait entraîné la condamnation de Mgr Pican en 2000 : ils s'en remettent à la justice civile. (La Belgique à son tour sera gravement touchée avec la démission de l'évêque de Bruges et la publication, le 10 septembre 2010, du rapport de la Commission des plaintes qui fait état de 475 plaintes et de 13 suicides.)

Dès l'hiver 2010, Rome est dans la ligne de mire : on reproche à Benoît XVI son silence dans plusieurs affaires, alors qu'il était préfet de la Congrégation pour la doctrine de la foi, en charge de ces matières. Certes, toutes les professions qui sont en contact fréquent avec la jeunesse sont exposées à ces crimes, et les prêtres n'y ont sans doute pas plus succombé que la moyenne. On peut bien sûr déplorer que les prêtres n'aient pas été exemplaires. Mais le cœur du scandale, c'est la découverte que, dans la plupart des cas et jusqu'à un passé récent, tout a été fait pour sauver le fauteur, au nom du bien de l'Église, et que les victimes ont été ignorées.

Les quelque 18 000 appels recueillis en trois semaines par les pouvoirs publics allemands peu après les révélations de l'hiver, donnent la mesure du désastre humain sur lequel l'institution est passée alors, sans la plus élémentaire compassion.

L'autorité ecclésiastique a un double problème : elle n'a pas pris acte du changement de mentalité sur ce sujet, qui certes était traité avec indulgence par nos sociétés il y a encore une génération, et elle a ignoré les évolutions de la justice civile face à ce type de crime. Mais surtout, elle prouve qu'il existe une « raison d'Église » aussi aveugle que la « raison d'État », capable de broyer des vies humaines. Jésus aurait-il agi ainsi ?

Pour la communauté des fidèles et la très grande majorité des prêtres dont la probité est évidente, le coup est terrible. Ces affaires donnent à voir la distance qui existe entre le Vatican et les hauts responsables catholiques d'une part, et les fidèles de l'autre, sur des valeurs essentielles. Bien sûr, la confiance peut revenir, mais ce ne sera plus jamais cette confiance absolue dont bénéficiait le prêtre et à laquelle nous étions tous attachés.

C'est à ce moment de la crise que la CCBF diffuse, par le biais de ses sympathisants, une lettre aux prêtres pour leur manifester amitié et soutien. Comme l'année précédente, Pâques survient en pleine tourmente, et quelle tourmente ! Notre lettre doit arriver à leurs destinataires pour le Jeudi saint, traditionnellement jour de fête pour les prêtres. Prenant appui sur les paroles de Jésus à la Cène, nous y dessinons notre responsabilité de baptisés :

« Nous entendons résonner les paroles du Christ : " Ceci est mon Corps ", et nous entendons que nous sommes tous membres de ce Corps. Quand l'un de ses membres souffre, c'est tout le corps qui souffre.

« Cette souffrance que nous ressentons avec vous, nous prenons conscience qu'elle s'enracine aussi dans notre propre responsabilité devant ce qui arrive. Le silence qui est reproché à " l'Église " est aussi notre silence.

« Nous non plus, nous n'avons pas su voir, pas voulu entendre, pas osé parler. Aussi, nous prenons notre part, et

partageons le poids de ce qui arrive. Si chacun de nous " est l'Église ", qu'il le soit pour le meilleur et aussi pour le pire. »

Notre démarche est généralement bien accueillie et nous vaut, de la part des prêtres, un petit capital de sympathie auquel nous sommes sensibles. En cette époque de fracture dans l'Église, une main tendue, un lien entre nous, en effet cela n'a pas de prix.

Cependant, pour nous comme pour beaucoup de catholiques, la crise ne s'achève pas avec la lettre du pape aux évêques d'Irlande. Les questions, derrière ce désastre, s'amoncellent : Comment a-t-on pu en arriver là ? Le célibat est-il en cause ? Comment la confiance reviendra-t-elle ? Les prêtres pourront-ils dépasser cette crise ?

Les causes de la crise

La crise de l'hiver et du printemps 2010, faisant suite à celle de l'hiver 2009, oblige à chercher les raisons qui mettent ainsi, à travers ses plus hauts responsables, l'Église catholique à la une des journaux du monde entier.

Une lecture *a minima*, qui est un quasi-déni, fait dire qu'il ne s'agit que d'accidents de communication dont les médias, tels des vautours, se sont emparés. Cette analyse peut, suivant les cas, laisser entendre qu'il existe une conspiration visant à discréditer l'Église. Les médias étant au choix qualifiés de fouineurs de poubelles irresponsables, de complices actifs de la grande dépravation des mœurs et de la perte de tout sens du respect et des valeurs, ou de véritables ennemis du catholicisme, du pape et de la religion. Dans tous les cas, l'Église serait la victime innocente d'un « acharnement médiatique ».

Plus responsable est la reconnaissance qu'il y a un véritable problème de communication au Vatican. Reste à savoir quelles en sont les raisons. Une équipe moins douée que sous le pontificat de Jean-Paul II? Un pape qui refuse de s'abaisser aux règles de la communication moderne?

Notre analyse, c'est que cette répétition n'est qu'un symptôme qui dévoile une maladie grave. Mortelle? Nous le croyons, si rien n'est mis en œuvre pour en stopper les causes profondes.

La faillite du système clérical

Car ce qui est fondamentalement en cause, c'est le cléricalisme. Le mot ne désigne pas l'existence de prêtres ni leur action, mais leur omnipotence.

Tout, dans l'Église catholique, repose sur le prêtre. Le système clérical tient la maison, et s'il l'a bien tenue dans le passé, dans des modalités et des contextes différents, il est aujourd'hui à bout de souffle. Elle est là, la leçon de la crise, dans ce dramatique signal d'épuisement du cléricalisme catholique. Un épuisement qui atteint la totalité du corps, clercs et laïcs, qui dans leur très grande majorité ne supportent plus le système. Il n'est qu'à voir les terribles dépressions qui atteignent les prêtres comme les évêques, misérables secrets, détresses profondes cachées au cœur des presbytères et des évêchés.

Rappelons d'un mot comment l'Église est gouvernée. Le pape est choisi, sans limite d'âge et jusqu'à son dernier souffle, parmi le collège des cardinaux de moins de quatre-vingts ans, soit 120 personnes nommées par ses prédécesseurs. Le pape est donc un mâle, prêtre et célibataire, comme les membres de la Curie, son gouvernement, qui sont, une fois nommés, quasiment inamovibles[1]. Tous sont prêtres, beaucoup évêques et cardinaux, et donc mâles et célibataires, d'un âge certain, depuis longtemps éloignés de leurs familles, sans liens ni obligations autres que ceux de leur petit réseau romain. Au risque d'appuyer lourdement les points sur le « i », cela signifie qu'il n'y a pas de femmes ; ils ne sont pas « femmes », ils ne vivent pas avec des femmes et, bien évidemment, ne connaissent ni filles ni belles-filles qui pourraient les ouvrir à d'autres visions du monde. Pour le pape actuel, la femme de référence de sa vie, sa mère, est née il y a 110 ans[2] !

C'est un petit monde d'Éminences, d'Excellences et de Monsignori, tentés de vivre en vase clos et dont la « distraction » est la visite d'Éminences, d'Excellences et de Monsignori, tous mâles, prêtres et célibataires, qui se rendent à Rome pour les visites *ad limina*.

Aucun conseil représentatif de quoi que ce soit n'assiste le pape[3]. Ni des différents continents, ni des différents états de vie, ni des mouvements d'action ou de spiritualité catholiques. La collégialité que Vatican II a voulu développer a au contraire reculé ces dernières décennies.

---

1. Comme les évêques, ils présentent leur démission à l'âge de 75 ans.
2. Il a aussi vécu avec sa sœur Maria (née en 1921), demeurée célibataire et à son service pendant toute sa vie.
3. Le Synode des évêques auprès du pape est représentatif, mais il n'a aucun pouvoir décisionnel, pas même celui de son ordre du jour.

Quant au concile, il est trop lourd à réunir pour être un véritable contre-pouvoir[1].

Jamais autant qu'en ce début de XXIᵉ siècle le Vatican n'a été aussi centralisateur, aussi autocrate, aussi opaque. Elle est bien loin la liberté de remontrance au pape d'un saint Bernard, par exemple ! Par un travail patient et tenace, le système romain s'est donné les moyens juridiques et ecclésiologiques de cette situation, dont l'air du temps, avec le web et les médias mondiaux, accentue encore aujourd'hui le trait.

Quant aux évêques – des prêtres, encore, des mâles, toujours, des célibataires, bien sûr –, qui se souvient qu'ils sont les « pairs » du pape, ses frères dans l'épiscopat et non des préfets de Rome ?

Enfin, au dernier échelon de pouvoir, le curé de la paroisse – celui qui a la *cura*, le soin des âmes – est lui aussi un prêtre, un mâle, un célibataire dont chacun sait que, même flanqué d'un conseil paroissial, même doué d'un tempérament consensuel, il demeure « patron de droit divin », ce que la nouvelle génération de prêtres ne manque pas de rappeler.

Ainsi, notre Église pourtant née « peuple[2] », peuple d'hommes, de femmes, d'enfants, d'artisans, de pêcheurs, de marchands, se retrouve aux mains d'un seul modèle humain un mâle, célibataire, sans métier, un prêtre qu'on rêve, idéalement, sans attaches, sans affections, sans autres dépendances humaines que son humble et entière soumission à l'autorité cléricale. Ce gouvernement

---

1. Le concile de Vatican II a réuni les 2 500 évêques du monde, à Saint-Pierre de Rome, en quatre sessions, entre 1962 et 1965. Aujourd'hui, on compte 5 000 évêques dans le monde. Nul ne sait où l'on pourrait les réunir.

2. En grec, *laos* est le peuple. En français, le mot a donné « laïc ».

des prêtres, cette « presbytérocratie », prend le risque de devenir une terrifiante Église de clones !

Cette omnipotence cléricale est source d'un déséquilibre grave. Et si les choses ont tenu si longtemps, n'ayons pas peur des mots, c'est par le moyen de la « terreur ». La menace d'une éternité d'enfer a désarmé bien des velléités de contestation !

Aujourd'hui, le système est d'autant plus ébranlé que manquent ceux dont on a fait les piliers du système, les prêtres-mâles-célibataires ! Lorsque l'institution actuelle devient hors d'état d'assurer au Peuple de Dieu la présidence de l'eucharistie, sacrement dont synodes et encycliques répètent à l'envi combien il est central pour la vie chrétienne, la contradiction entre le discours et les faits témoigne encore à charge. Que l'on ne s'étonne pas de la baisse du denier du culte, dès lors que le service sacramentel n'est plus rendu.

Il faut ajouter à ce diagnostic déjà lourd un dernier symptôme, hélas prévisible, le déni de la gravité de la crise et son corollaire, l'obstination à ne rien changer, comme si l'immobilité pouvait à elle seule perpétuer le système.

Ô mon peuple, qu'a-t-on fait de toi ?

La voilà aujourd'hui retournée, l'antique question de Dieu se plaignant à son peuple de son ingratitude : « *Ô mon peuple, que t'ai-je fait*[1] *?* » C'est à l'institution actuelle de rendre compte de ce qu'elle a fait du Peuple de Dieu, ces catholiques ordinaires qui portent le beau nom

---

1. Michée 6, 3.

de « fidèles du Christ ». Quelle place Pierre leur laisse-t-il dans la barque ?

Pour le Vatican, le peuple chrétien est devenu celui qui empêche de rester entre soi : il est « le problème » !

D'ailleurs, c'est lui qui essuie les reproches les plus ordinaires des discours pontificaux, lui qui fraie avec le péché du monde [1], lui qui ne fournit plus le contingent de prêtres requis.

À lui donc de se soumettre ou de partir. Car lorsque le peuple catholique s'est échiné à se faire entendre, haut et clair, dans tous les synodes, dans toutes les marches, dans des requêtes multiples et diverses, dans tous les livres blancs possibles, depuis les années soixante-dix, quand il a imploré plus ardemment encore que l'importun de l'Évangile à qui Jésus lui-même dit que l'on doit céder, qu'est-il advenu ? Rien, les portes de bronze sont restées closes. Ses doléances ? Elles sont si connues qu'il est presque indécent de les rappeler. Ce sont la souffrance liée à l'exclusion des divorcés remariés, l'ordination d'hommes mariés, la réforme de la gouvernance, la place des femmes et l'inanité du discours sur la sexualité et la procréation [2].

Alors oui, le Peuple que Dieu s'est choisi et à qui on reproche son inconvenant tapage s'en va, sur la pointe des

---

1. Une actualisation pernicieuse de l'Évangile selon saint Jean conduit à la « diabolisation » du monde et à la mise à part des clercs qui « ne sont pas du monde » ; le même Évangile qui proclame pourtant en son commencement (chap. 3) : *« Je ne suis pas venu pour juger le monde mais pour que le monde soit sauvé »* !

2. Parfois, le discours ecclésial essaie de rendre une place constructive à la sexualité, mais ce sont alors les comportements qui disent la profonde mésestime envers elle.

pieds de peur de choquer, la honte au cœur, la fidélité en berne.

Qui rendra compte de cette lente et insidieuse hémorragie que nous constatons tous dans nos familles, parmi nos proches? Dans la très grande majorité des familles ouvertement catholiques, non seulement il n'y a plus de vocations religieuses, mais la désaffection est devenue la règle. Depuis le milieu du siècle et surtout depuis la désastreuse encyclique *Humanae Vitae*[1] de 1968, le désengagement est continu.

Et en haut lieu, s'alarme-t-on? Se demande-t-on pourquoi et comment l'enrayer? Fait-on quoi que ce soit pour que le flot tarisse? Rien du tout. Au contraire, on renverse la charge et on reproche à ceux et celles qui ont quitté le domicile ecclésial d'être des mous, des sans-foi, des « contaminés ».

Qui sait si ce ne sont pas les plus lucides, les plus honnêtes, les plus conscients, les plus fidèles à l'Évangile qui sont partis?

Pourtant, nul ne peut nier que, dans l'élan de Vatican II, beaucoup de laïcs ont été encouragés à prendre leur part de responsabilité au sein de la maison Église.

Et depuis une quinzaine d'années, face aux urgences, des évêques ont pris des décisions logiques, de bon sens et qui, dans le contexte difficile qu'ils affrontent, sont aussi

---

1. En juillet 1968, l'encyclique *Humanae Vitae* précise que la seule méthode de contraception « licite » est l'abstinence lors des périodes de fécondité. C'est en fait une « interdiction » de la pilule contraceptive qui vient d'être mise au point. L'incompréhension des couples catholiques est massive et déclenche une grave crise entre les catholiques et la hiérarchie ecclésiale.

des actes de courage[1]. Exemples, hélas contrecarrés par des situations inverses dans d'autres diocèses où, depuis quelques années, des évêques choisissent de recléricaliser leurs services diocésains.

Comprenons bien que cette situation n'appelle pas seulement quelques inflexions dans les nominations dans les conseils épiscopaux et une réorganisation de la vitrine institutionnelle des paroisses et des diocèses. Il ne s'agit ni de faire organiser par les laïcs des « covoiturages », ni même de leur confier des tâches d'économat, de catéchèse ou de communication.

La seule authentique réponse est de rendre au Peuple de Dieu, c'est-à-dire à tous les baptisés, sa vraie place dans toute « l'économie ecclésiale », c'est-à-dire dans la liturgie, la prédication, l'annonce de l'Évangile, la présidence des communautés et le gouvernement, paroissial, national et romain.

Nous avons maltraité le Peuple de Dieu, nous l'avons tenu en enfance, nous avons encouragé les rapports de subordination envers les clercs, confondant le respect et la dépendance, et finalement, nous avons préféré le laisser partir plutôt que de risquer d'ouvrir la voie à une « contestation » interne qui n'est qu'une demande participation aux débats et aux décisions.

À dessein nous disons « nous », nous incluant tous dans le processus d'intériorisation de cet état de fait, nous tous qui l'avons tenu pour naturel et pérenne. En maltraitant son peuple, l'Église se maltraite elle-même. Quand

---

1. À Poitiers, Mgr Rouet a réorganisé son diocèse en mettant des laïcs en responsabilité.

les fidèles du Christ partent, c'est sa vie qui s'écoule. Cette hémorragie la tue et nous tue, tous !

Et ce ne sont pas les « M. Purgon » qui crient « Pénitence, pénitence ! » et proposent de saigner davantage le malade, de lui infliger une bonne purge ou de procéder à des amputations, qui vont venir à bout de cette maladie.

Nous tous, catholiques, avons notre part de responsabilité dans la désagrégation du Peuple de Dieu. Des siècles de passivité y ont contribué. Il est urgent de prendre conscience de la perte que cela représente.

Oui, la crise est d'une extrême profondeur !

Ne constate-t-on pas que chacune des interventions de l'institution se retourne contre elle, comme si elle sécrétait elle-même la maladie qui la ronge ?

Qu'est-ce que l'Église ?

Il est urgent de revenir à l'essentiel, le Christ, et de se demander comment l'Église se met à son service pour annoncer à ce monde qu'il est sauvé. Car l'Église n'est pas une fin en soi. Ni les clercs, ni les laïcs n'ont leur fin en eux-mêmes. Ni le peuple tout entier n'a sa fin en lui-même. L'Église tout entière est « au Christ », pour être par lui, en lui, avec lui, le signe et l'instrument par lequel Dieu dit à l'humanité son Salut.

L'Église est loin de se limiter à l'institution comprise comme « le pape, les évêques et les prêtres ». Et pourtant, combien ont tendance à le croire ! Lorsqu'un catholique parle de l'Église, sa première difficulté est de s'y inclure. Il dira bien plus souvent « elle », montrant bien par là son faible sentiment d'appartenance. Et pourtant, « il en est » ! Cette posture d'extériorité en dit long sur la dérive cléricale et l'expropriation du Peuple de Dieu de ce qui constitue son bien propre : il forme le Corps du Christ. Rappelons que la définition ancienne de l'Église était « *societas fidelium* », société de fidèles !

Pourtant, les pères conciliaires de Vatican II ont rappelé la place éminente du peuple de Dieu : l'Église est un peuple[1]. Cette définition est, en effet, conforme à l'étymologie même de son mot, du grec *ecclesia,* assemblée des appelés. L'Église, ce sont des hommes et des femmes appelés par le Christ et réunis en son nom.

Elle est le lieu où s'éprouve la présence du Christ. Ce ne peut être que l'ensemble des croyants qui soutient et cautionne sa réalité spirituelle. Ensemble, ils éprouvent que cette « assemblée » est un grand corps, le Corps du Christ qui se donne à eux et auquel ils se donnent.

Ces images de l'assemblée et du corps ne sont pas le monopole de l'Église. D'autres institutions en usent aussi. Mais ce qui n'est qu'à elle, c'est la foi en la présence du Christ en son sein. De ce fait, l'Église « peuple » et « corps » acquiert pour tout chrétien une grandeur particulière et exceptionnelle. Elle est objet de vénération et d'affection car c'est d'elle que celui-ci reçoit le Christ. Saint Paul le répétait souvent aux jeunes communautés auxquelles il écrivait, les invitant sans relâche à chercher le Christ présent au milieu d'eux, malgré les conflits de

---

1. Constitution dogmatique *Lumen Gentium*, chap. 2.

toutes sortes qui les déchiraient. Le principe d'organisation qui sous-tend l'Église n'a que cette fonction. Paul VI aimait à rappeler que le pape est le serviteur de la communion dans l'Église.

En effet, la structure doit toujours rester au service de l'assemblée – du peuple – et non à son service propre. Le pape, les évêques et les prêtres sont à leur vraie place lorsqu'ils sont au service du peuple pour que tous soient au service du Christ, c'est-à-dire au service de l'annonce de la Bonne Nouvelle. C'est dans l'assemblée entière, où sont à la fois inclus les laïcs fidèles du Christ, les prêtres fidèles du Christ et les évêques fidèles du Christ, celui de Rome compris, que réside le Corps du Christ. C'est donc en vue du bien de l'assemblée que toutes les décisions doivent se prendre, à partir d'elle, de sa santé spirituelle, de son lien vivant au Christ. Sans assemblée vivante, sans communion authentique entre tous, pas de représentation possible du Corps du Christ.

Vient aux lèvres la définition de Bossuet : *« L'Église, c'est Jésus-Christ répandu et communiqué. »* Allons au bout de l'intuition que nous souffle ce grand prédicateur, l'Église, c'est Jésus-Christ donné à voir dans le peuple, par le peuple, avec tout le peuple. Et ainsi répandu et communiqué, gageons qu'il sera donné à voir au monde !

La personne du Christ et le personnel de l'Église

Comment considérer, alors, la structure hiérarchique de l'Église ? Les historiens ont répondu depuis longtemps : la presbytérocratie actuelle n'a pas toujours existé. Les ecclésiologues aussi ont répondu : c'est une option « disciplinaire », elle n'a rien à voir avec la foi, elle ne définit pas la nature de l'Église.

Le corps d'une personne ou d'une société a une image, ainsi l'Église a-t-elle une image, qui est sa structure visible. Cette image change, dans le temps et l'espace, tandis que le corps demeure.

Comme quelqu'un qui regarde avec effroi dans la glace sa silhouette qui a trop changé : « Est-ce bien moi ? », les chrétiens d'aujourd'hui regardent l'image de leur Église : « Est-ce bien elle ? » La réalité de son corps est-elle encore perceptible dans l'image que l'Église donne d'elle-même ? La difficulté est d'autant plus grande que si l'image est visible par tous, le « corps » ne se voit qu'avec les yeux de la foi.

Aujourd'hui, l'image de l'Église – sa discipline, son système d'omnipotence cléricale – nuit à son corps. Il faudrait donc réapprendre à distinguer dans l'Église la « personne » du Christ, de son « personnel », qui est composé d'hommes faillibles. Le cœur de l'Église, c'est toujours le Christ. L'objet de la foi, c'est lui, non le pape. L'Église n'est l'Église que lorsqu'elle communique le Christ.

Si l'image nuit aujourd'hui au corps, c'est pour deux raisons. La première, c'est qu'elle est inadaptée au temps actuel et suscite la défaveur, voire la répulsion des fidèles du Christ. La seconde, c'est qu'elle empêche de se mettre vraiment au service du corps de l'Église, ce Peuple de Dieu, et d'annoncer l'Évangile, ce qui est sa raison d'être.

Or, depuis quelques années, le chantage à la catastrophe redouble : si les prêtres font défaut, le corps lui-même est en péril, ose-t-on soutenir.

Est-il décent de lire que «*sans pasteurs, nos commu-*
nautés seront détruites[1]*!*»? D'entendre à la messe des
invocations comme celle-ci : «*Seigneur, donnez-nous des*
prêtres, Seigneur donnez-nous des saints prêtres!»? Ne
devrait-on pas plutôt prier pour que le Seigneur augmente
en nous la foi?

Parlez-vous des problèmes de structure à quelque Émi-
nence, elle vous rétorque qu'on ne peut y toucher car
ce serait malmener le Corps du Christ. Dramatisation,
culpabilisation, reproches au peuple, tout cet arsenal
de la peur est ressorti aujourd'hui de façon assez gros-
sière et, finalement, assez lâche, car l'impréparation
face au changement est manifeste et directement imputable à l'institution actuelle.

La tentation idolâtrique

Comment ne pas rapprocher cette crise d'image de la
tentation idolâtrique, quand on sait que le mot même,
« *eidolon* », veut dire image en grec? Certes, les temps
ne sont pas tendres pour l'Église, qui doit composer avec
des médias qui se nourrissent d'images et de figures
emblématiques simples. Le pape et le Vatican, avec leurs
cortèges de cardinaux vêtus de rouge (belle couleur à
l'écran), offrent des réponses toutes faites à la gourman-
dise médiatique.

Plus profondément, force est de constater que l'Église
d'aujourd'hui est bien aux prises avec la tentation d'ido-
lâtrer ses structures en les regardant dans le miroir du

---

1. Cardinal Hummes, *Lettre aux prêtres*, décembre 2009.

passé. Ah si le beau miroir pouvait rendre vie à ce clergé innombrable, à ces processions de la Fête-Dieu, à ces confessions en rangs serrés, à ces prédicateurs dont la foudre verbale pénétrait jusqu'au fond des alcôves pour y traquer le péché! Ah si la vérité redevenait ce qu'elle n'aurait jamais dû cesser d'être, immuable et majestueuse, fièrement gardée par des cortèges de clercs, verrouillée dans des livres de catéchisme transmis de génération en génération, ah si la peur du péché régnait à nouveau sur les consciences ! Ah si Dieu redevenait cet être éternel et impassible qui se tient à l'arrière du monde, le scrute et le juge!

Mais les idoles ne mènent nulle part… On a envie de citer le prophète Jérémie les raillant : *« Comme un épouvantail dans un champ de concombres, elles ne parlent pas; il faut les porter, car elles ne marchent pas*[1]*!»* Et le prophète ajoute avec humour que non seulement elles ne répondent en rien au besoin spirituel qui les a motivées, mais qu'elles abêtissent leurs adorateurs.

Ah, quelle santé on acquiert à fréquenter les prophètes de la Bible! Quel sens religieux ils ont, comparé aux parodies de spiritualité, au rétrécissement de la notion de communion, au brouet dévotionnel que nous servent nombre de nos actuels grands prêtres!

Le prêtre Aaron qui laisse forger le veau d'or en l'absence de Moïse, le prophète qui guide le peuple, serait-il devenu notre modèle?

Faut-il à toute force maintenir l'exclusive du pouvoir au clergé, quitte à le faire venir d'Afrique, d'Asie du Sud,

---

1. Jérémie 10, 5.

Est ou d'Amérique latine[1]? Quel aveu flagrant de la déconnection funeste que l'on a laissée s'installer entre le corps clérical et le corps ecclésial!

Pourtant, si les catholiques se taisent et s'abstiennent de poser les questions qui fâchent, les statistiques, elles, crient, hurlent même des lendemains sans prêtres.

À cela, on répond avec panache que l'Église en a vu d'autres, que les crises, au cours de l'Histoire, ont pratiquement été un état permanent, et que *« le Seigneur y pourvoira »* comme il a pourvu hier, et que l'Esprit Saint n'abandonne pas l'Église…

L'Église, sûrement pas, mais le cléricalisme?

A-t-il l'Esprit Saint comme défenseur? Qui va oser le prétendre?

À de nombreuses reprises, l'Esprit a soufflé sur l'Église pour la réformer. Mais il n'est pas venu dans la passivité de ses membres. Il a fallu que des croyants se lèvent, jusqu'à parfois mourir dans l'opprobre.

Où voulons-nous, nous catholiques de la modernité, mettre nos pas? Comment, sans partir ni nous taire, nous mettre au service de cette Église qui nous apporte Jésus-Christ?

L'Église est-elle cléricale « de droit divin »?

Le premier constat qui s'impose est que l'Église est née à bonne distance du clergé. Point de clercs autour

---

1. Que devient alors la règle de l'incardination qui veut que les prêtres soient issus d'une communauté et se mettent à son service? Que reste-t-il de la notion de clergé diocésain? Les prêtres vont-ils devenir des sortes de mercenaires qui se donneront au plus offrant ou au mieux disant?

de Jésus! Les seuls que l'on rencontre sont les artisans de sa mort, les grands prêtres.

Parmi les Douze, les premiers compagnons de Jésus, seul « Matthieu [1] », dit aussi « Lévi [2] », appartient à la classe des prêtres. Tous sont « du monde » et gagnent leur vie, comme tout un chacun. Ils sont sans doute mariés, car pour le judaïsme, le contraire est inconcevable. Pierre, le pêcheur de poissons, l'est, puisque Jésus se soucie de sa belle-mère malade [3].

Et il est évident que les apôtres sont douze pour symboliser les douze tribus d'Israël, c'est-à-dire tout le peuple : Jésus appelle un peuple.

Déjà, les derniers écrits du Nouveau Testament, dans les années quatre-vingt et quatre-vingt-dix, témoignent d'un embryon d'organisation des jeunes communautés : celles-ci se donnent des « presbytres » ou anciens qui les animent et des « épiscopes », « surveillants », « intendants », « protecteurs » qui les gouvernent. Issus du *laos* (peuple), ce sont des « laïcs » à qui Paul demande de vivre dans la probité et la prudence, selon les idéaux culturels du monde méditerranéen d'alors. Voilà des gens qui ne se distinguent pas du commun !

Si, dans certains récits anciens, on peut suivre le lien entre certains évêques et les apôtres, il n'est, bien sûr, pas établi pour tous. On reconnaît aussi que, ordonnés par une invocation de l'Esprit Saint qu'accompagne l'imposition des mains par ceux qui, dans les églises voisines,

---

1. Matthieu 9, 9.
2. Marc 2, 13-14 ; Luc 5, 27-28.
3. *Cf.* Matthieu 8, 14-15.

exercent déjà un ministère de gardiens de la foi des apôtres, les évêques leur succèdent en un sens et à cette condition !

C'est au tournant du second millénaire que la situation se renverse. Sous l'influence du pape Grégoire VII (1073-1085), l'Église installe les clercs au centre du système[1] : les prêtres devront rester célibataires, les évêques seront à nouveau élus, non plus par leur communauté[2] mais par le clergé de leur Église. Leur élection comme celle du pape échappe ainsi à la tutelle de l'empereur[3]. Et seuls les clercs peuvent gouverner et enseigner.

Ainsi s'est établie la place centrale des clercs dans l'organisation et le gouvernement de l'Église. Bien évidemment, l'objectif n'était pas, alors, de les séparer du peuple mais de défendre l'Église contre les grands féodaux, les rois et les empereurs qui tentaient de mettre la main dessus. Grégoire VII l'a sans doute sauvée en défendant farouchement sa liberté face aux ambitions des pouvoirs civils. Il l'a fait en fortifiant le corps clérical, fragilisé alors, de surcroît, par une moralité douteuse. Bel exemple d'adaptation aux besoins du temps.

Dès ce moment, et plus encore après le concile de Trente, la notion de papauté se conforte. Si le titre de « pape », donné à tous les évêques aux alentours du IIIe siècle, devient au XIe siècle l'apanage exclusif de

---

1. *Histoire des curés*, sous la direction de Nicole Lemaître, Fayard, 2002.
2. Paul Christophe, *L'Élection des évêques dans l'Église latine au 1er millénaire*, Éditions du Cerf, 2009.
3. Notons qu'un pape de cette période, Etienne IX (1057-1058), s'était fait élire par le clergé et le peuple de Rome selon la coutume immémoriale.

l'évêque de Rome[1], c'est après la Contre-Réforme que l'on introduit la figure pontificale dans la définition de l'Église[2]. Et c'est lors du concile de Vatican I, en 1870, qu'est adoptée l'infaillibilité pontificale, question… qui n'était même pas à l'ordre du jour des évêques[3] !

Notons enfin qu'à partir du milieu du XIXe siècle, le terme de « magistère » désigne quasi exclusivement l'enseignement des papes alors qu'il incluait auparavant celui des docteurs et des évêques.

Il est vrai que pendant plusieurs siècles, la légitimité du prêtre n'a pas été contestée par le peuple chrétien. Sa place était reconnue et respectée. Grâce aux prêtres, le dépôt de la foi a pu être préservé, et une considérable œuvre d'évangélisation qui requérait des dévouements absolus a pu être menée à bien.

Mais le monde change. Aujourd'hui, le monopole hiérarchique du corps clérical non seulement montre ses limites et n'est plus du tout adapté à la situation historique, mais il blesse l'unité du peuple, il déchire la tunique sans couture. Les catholiques protestent avec leurs pieds, même si c'est sur la pointe des pieds, et s'éloignent. Ce schisme, pour être silencieux, n'en est pas moins tragique.

---

1. Aujourd'hui, le chef de l'Église copte porte encore le titre de pape : c'est le pape Chenouda III.

2. Par l'entremise du cardinal Bellarmin, théoricien de la papauté.

3. Un nombre important d'entre eux d'ailleurs « votèrent avec leurs pieds », puisqu'ils étaient environ 800 à répondre à la convocation pontificale, et qu'ils ne sont plus que 535 pour voter l'infaillibilité à une majorité écrasante des présents, 533 sur 535. Les 50 plus farouches opposants ont quitté Rome la veille au soir.

Aucun recours aux origines ne peut cautionner le système actuel.

Non, les évêques ne sont pas les seuls gardiens de la foi apostolique, ils n'ont pas non plus le monopole de l'enseignement et du gouvernement.

Ce qui s'est passé – même si les circonstances l'ont rendu nécessaire – n'est rien moins qu'une captation d'héritage. L'Église des clercs se drape fièrement dans sa fidélité à l'Église apostolique, mais elle oublie de dire que l'héritier naturel à travers la figure des Douze est le peuple entier, un peuple dont chaque membre a pleine dignité. C'est ce que proclame Pierre au matin de la Pentecôte, citant le prophète Joël : *« Je répandrai mon Esprit sur toute chair, dit Dieu. Alors vos fils et vos filles prophétiseront, vos jeunes gens auront des visions et vos vieillards des songes. Et moi, sur mes serviteurs et sur mes servantes je répandrai de mon Esprit*[1]. »

C'est le peuple dans son ensemble qui est héritier de cette promesse réalisée à la Pentecôte. Au nom de quoi, de qui, une infime partie du peuple, le clergé, prend-elle la posture du légataire universel ?

Nombreux sont les ouvrages savants où théologiens et historiens ont décrypté les stratégies et subterfuges utilisés pour établir l'exclusive légitimité des clercs. Ce n'est pas le lieu d'en faire la genèse. Simplement, ne soyons plus dupes. La véritable succession dans la foi apostolique dont se prévalent les évêques est donnée à tout le peuple.

C'est bien ce que souligne indirectement le jésuite Michel Rondet lorsqu'il demande de « rendre » aux

---

1. Actes des Apôtres 2, 17, 18.

communautés chrétiennes la responsabilité de leur vie. *« Le Christ n'a pas confié l'avenir de sa communauté à une classe d'hommes qui en assumeraient seuls l'animation et les orientations ; or c'est ce qui s'est produit à travers l'instauration d'un clergé conçu sur le mode de celui des cultes païens. C'est avec cette tradition qu'il faut rompre en rendant aux communautés chrétiennes la responsabilité de leur vie et de leur animation sous le contrôle du ministère apostolique des évêques. »*

Il importe au plus haut point à la dignité des laïcs d'aujourd'hui de savoir que, dans leurs rapports à l'institution, ils ne sont pas les parents pauvres, les adoptés de la dernière heure à qui on ferait l'aumône, mais les enfants premiers-nés à qui tout a été donné.

Les débats actuels autour de la « coresponsabilité dans l'Église » ont quelque chose de pitoyable, car ils font des laïcs les quémandeurs d'une place au tour de table – déjà fort honorés que la condescendance cléricale ne les ignore pas – alors qu'ils y sont de plein droit.

Non, l'Église n'est pas cléricale par la volonté de Dieu.

Demandons-nous avec courage pourquoi l'Esprit ne suscite pas davantage de prêtres ? Ce n'est pourtant pas faute de ne pas l'en prier. Non Dieu n'est pas sourd. Encore faut-il lire les signes des temps et oser entendre sa réponse…

Oui, ce sera un véritable retour à la grande Tradition de l'Église que de réintégrer des laïcs fidèles du Christ dans leur responsabilité à l'égard de la foi apostolique et de leur confier des ministères essentiels à la vie de l'Église. Les colonnes de l'Église, ce sont eux ! C'est cette Église que tout catholique responsable a le devoir de préparer, sans précipitation car il est inutile de brusquer les esprits, mais dans l'assurance que c'est une œuvre bonne, légitime, conforme à ce que le Ressuscité a suscité dans les premières communautés.

8

Conversion radicale

DEVANT le constat de cette longue captation cléricale et de l'aveuglement magistériel, faut-il baisser les bras et laisser les mauvais augures jeter leurs verdicts définitifs? Certainement pas! A plusieurs reprises nous avons insisté sur le retour au fondement de l'Église, le Christ. C'est en nous tournant vers lui que s'ouvrira un chemin. Lui seul est « *le chemin, la vérité et la vie* ». L'avenir passe par une nécessaire – et heureuse – conversion au présent, au réel, et surtout à l'amour de Dieu.

Ce sont toutes ces démarches auxquelles l'Écriture nous convie avec insistance. Par la bouche du prophète Osée, Dieu déplore que son peuple n'ait pas compris qu'il le « *menait avec des attaches humaines, avec des liens d'amour* [1] », comme un enfant que l'on met contre sa joue.

Notre Église est un peuple. Ce sont les hommes et les femmes que Dieu s'est choisis. Elle est, elle aussi, invitée à découvrir que Dieu la mène avec des attaches humaines, avec des liens d'amour.

---

1. Osée 11, 4.

N'allons pas chercher Dieu dans les hauteurs ni dans les extrêmes, n'allons pas le chercher ailleurs alors qu'il est là, tout simplement. C'est sur terre qu'il nous visite, dans son œuvre, cette « image » et cette « ressemblance » de lui qu'il s'est données, en notre humanité. Comment le rencontrer si nous-mêmes ne donnons pas notre assentiment à notre humanité, à l'humanité de nos frères et sœurs ?

Écoutons-le, écoutons la promesse qu'il fait au prophète Osée : *« Je te fiancerai à moi pour toujours ; je te fiancerai dans la justice et dans le droit, dans la tendresse et la miséricorde ; je te fiancerai à moi dans la fidélité, et tu me connaîtras* [1]*. »* Comment le Dieu fidèle pourrait-il abandonner son Église ? Si notre foi est vive, nous sommes assurés qu'il sera toujours à ses côtés dans les épreuves.

Le temps de la conversion

Il est temps aujourd'hui d'entrer dans une radicale démarche de conversion, dans la conscience aiguë de l'amour de Dieu. Car c'est la conscience de l'amour de Dieu qui permet de se convertir : « *Qui nous séparera de l'amour du Christ* [2] *?* » s'exclame Paul. On ne change pas de vie sans preuve d'amour. C'est ainsi que Pierre se convertit vraiment, au bord du lac, quand par trois fois, Jésus lui demande s'il l'aime. Quelle insistance ! Pierre, qui sait qu'il est capable de renier autant que d'aimer, est au bord des larmes. Il a besoin de s'arrimer au

---

1. Osée 2, 21-22.
2. Épître aux Romains 8, 35.

plus près de l'amour du Christ : « *Seigneur, tu sais bien que je t'aime*[1]. »

C'est dans cet amour que Pierre va pouvoir se convertir et affronter les épreuves annoncées.

Pour nous tous qui sommes d'Église, le chemin traverse l'Évangile. Il y a pour chacun de nous une déclaration d'amour à faire, comme l'a fait Pierre, il y a une tendresse à recevoir, dans la foi, les uns des autres, et il y a une conversion à opérer pour que l'Église puisse vivre sa vie.

Comme les premiers chrétiens

Le frère André Gouzes[2] a coutume de dire : « *Si nous ne redevenons pas comme les premiers chrétiens, nous serons les derniers.* »

Il ne s'agit certes pas de « revenir en arrière ». De tout temps a existé, parmi les chrétiens et en particulier dans beaucoup de mouvements populaires de réveil, une fascination pour le temps des origines, vu comme un âge d'or, celui des belles mœurs, de la fraternité, de la concorde et du communautarisme absolu. À y regarder de près, les situations étaient sans doute plus complexes. Et ce qui convenait à une structure naissante ne convient plus à une Église aux dimensions universelles et à des contextes culturels radicalement différents. Ne nous mettons pas, nous aussi, à regarder en arrière, en changeant simplement la période de référence.

---

1. Jean 21.
2. André Gouzes, dominicain, a profondément enrichi le répertoire chanté de l'Église et redonné vie à l'abbaye de Sylvanès.

Il reste que notre source, c'est Jésus-Christ, l'homme de Galilée, le fils de Joseph et Marie, le crucifié de Jérusalem, et non un concept théologico-philosophique passé au rabot de la philosophie grecque.

Hans Küng pointe bien ce travers dans la pensée de son ancien collègue Joseph Ratzinger : « *Pour Ratzinger, le christianisme n'a vraiment commencé qu'avec la rencontre de l'Évangile et de la philosophie grecque. [...] Ce n'est pas l'Église du Nouveau Testament qui l'intéresse au premier chef; mais celle des Pères. [...] Son souci théologique porte sur le Christ des conciles hellénistiques*[1]. »

Le regard qu'on porte sur le Christ engage un type de construction ecclésiale : tel Christ, telle Église. Si le Christ est une construction philosophique et théologique, telle sera l'Église. Si le Christ est un homme qui parle et qui agit, l'Église sera un peuple qui parle et qui agit...

Voilà pourquoi nous revendiquons une foi apostolique, voilà pourquoi nous avons les yeux fixés sur la foi de ceux qui ont connu Jésus. Comment a-t-il bouleversé leur vie, quels types de rapports ont-ils noué avec lui, comment ont-ils éprouvé sa présence au milieu d'eux? Voilà le retour aux sources dont notre Église a besoin.

Car la conversion de l'Église n'est pas une option parmi d'autres.

Va-t-on laisser l'anémie durer jusqu'à ce que mort s'ensuive? Certains haussent les épaules : à quoi bon! Laissons mourir cette structure moribonde, et quand tout sera écroulé, les chrétiens du moment reprendront la maison et reconstruiront.

---

1. Hans Küng, *Mémoires*, tome 2, *op. cit.*, p. 26.

Cette façon de prendre ses distances, cette « relativisation » est en réalité une démission. L'avenir se prépare longtemps à l'avance. Comment les générations futures pourront-elles vivre leur foi dans un champ de ruines ?

Comment pourront-elles seulement savoir ce qu'est la foi si ce ne sont pas des vivants qui la leur montrent ?

Aussi, est-ce de « *tout notre cœur, toute notre âme, tout notre pouvoir*[1] » qu'ici et maintenant, nous voulons déployer, pour vous, pour nous, des propositions de conversion qui nous paraissent indispensables pour notre Église. Semons et prions pour que ceux qui viendront après nous voient le grain lever.

Ni clercs, ni laïcs

Il y a, en ces temps de conversion, une subversion à accomplir. C'est celle de la séparation entre les clercs et les laïcs. Notre Église vit, depuis des siècles, dans une culture de séparation théologiquement non chrétienne. Il est possible que celle-ci ait autrefois servi la communauté, sans doute pourrait-on en discuter, peu importe, nous ne sommes pas là pour juger le passé mais pour préparer l'avenir.

Observons un instant la situation actuelle et raisonnons, puisque la politique officielle nous y oblige, en termes de clivage.

D'un côté sont les clercs, en petit nombre, à l'assise sociologique considérablement plus étroite qu'hier,

---

1. Deutéronome 6, 4.

investis de fonctions si lourdes que déjà ils ne peuvent plus les tenir. On cache comme une maladie honteuse la détresse des prêtres, jetés dans des situations si invivables qu'elles en deviennent inhumaines, à cause de conditions de vie et de travail insupportables – dizaines de clochers, responsabilités multiples et fractionnées. Où est l'attention aux hommes ?

Qu'ils nous soient ici permis de faire une incise : lecteurs, lectrices, entendez-nous bien. Nous condamnons le cléricalisme, mais pas les clercs. Ils en sont les premières victimes. Les prêtres souffrent plus que les laïcs. Ils ont besoin de notre présence et notre amitié fraternelle. D'autant que la crise récente a ajouté un discrédit et un soupçon, certes injustes, mais hélas, bien réels.

De l'autre, les laïcs, bien plus nombreux, de mieux en mieux formés, qui accomplissent des tâches d'annonce de l'Évangile dans les aumôneries scolaires, hospitalières, pénitentiaires, dans des lieux d'écoute, dans le domaine caritatif, des laïcs qui vivent dans le monde. De surcroît, ils prennent une place qui sera bientôt dominante dans tous les domaines de la pensée religieuse autrefois quasi exclusivement réservés aux clercs : histoire des religions, exégèse, théologie fondamentale et morale[1]...

Pourtant, si l'on en croit le discours magistériel, les choses devraient être partagées de la façon suivante :

---

1. À condition que ne voient pas le jour les sombres projets de la Congrégation pour l'enseignement catholique qui visent à éliminer « en douceur » les laïcs des formations de théologie fondamentale afin qu'ils ne puissent pas enseigner dans les séminaires. Déjà le Collège des Bernardins et l'Institut catholique de Paris ouvrent en 2010-2011 un Institut supérieur de sciences religieuses et font miroiter des diplômes académiques reconnus aussi bien par l'université française qu'au niveau européen. Mais ces diplômes ne donnent pas accès aux formations approfondies de théologie. Reste à jalonner celles-ci de chicanes de plus en plus infranchissables aux laïcs. Évolution à suivre de près !

la gestion du monde politique, économique et culturel aux laïcs, et le service de l'Église aux clercs.

Lors de son récent discours à Fatima, le pape Benoît XVI a une fois encore développé cette distinction[1].

Quelle distance, de la théorie romaine à la réalité du terrain! Des laïcs – probablement bien plus nombreux que les prêtres, malgré l'absence de statistiques[2] – sont actuellement au service de l'Église, de son fonctionnement, de son enseignement. Quant aux prêtres, ils sont nombreux à refuser d'être privés de responsabilité envers un monde dont ils se sentent responsables et citoyens au nom de leur appartenance à l'humanité. Il n'y a pas des laïcs « pour le monde » et des clercs « retirés du monde ». Dieu, nous le savons, n'a pas confié le monde aux uns, son Église aux autres! Si le retrait du monde est une vocation pour certains religieux et un signe fort donné à tous, il ne fait pas partie de la vocation des prêtres.

Cette culture de séparation est mortifère. Les prêtres doivent partager la vie réelle de leurs communautés, et les laïcs être responsables de la vie de leur Église[3].

À quoi il faut ajouter – et cela crève les yeux, même si les autorités ne veulent pas le voir – que les forces vives sont les laïcs. Or on leur dénie toute capacité de penser l'avenir de leur Église et d'y exercer leurs talents, leurs

---

1. Discours aux organisations de la pastorale sociale, 13 mai 2010.

2. La sociologue Céline Béraud, pour la matière de son livre *Prêtres, diacres, laïcs* (PUF, 2007), a précisé que malgré toutes ses demandes, elle n'avait pu obtenir de statistiques sur le nombre de laïcs en responsabilité dans l'Église (p. 110-111).

3. Ainsi, Bruno Bouvet constatait avec regret que les gens du voyage, jusque-là catholiques, rejoignaient en masse les évangéliques « parce que les pasteurs sont issus de leur communauté » (*La Croix*, 23 août 2010).

charismes, leur dynamisme hors de « l'obéissance à leurs pasteurs ». Quant aux « décideurs », ils n'ont plus de forces, ni en nombre, ni en dynamisme. Et beaucoup, hélas, sacrifient la maigre énergie qu'il leur reste à défendre bec et ongles leur situation et leurs privilèges. Poursuivre ainsi est un suicide programmé !

Les baptisés, colonnes de l'Église

Il est donc temps que nous redire les uns aux autres la parole du Deutéronome[1] : « *Je te propose la vie ou la mort, la bénédiction ou la malédiction. Choisis donc la vie, pour que toi et ta postérité vous viviez.* » Il est temps de nous tourner vers la vie, de mettre, sur ces clivages qui creusent une plaie, le baume de l'unité. De réentendre aussi la puissante exhortation de Paul aux Galates : « *Vous tous, en effet, baptisés dans le Christ, vous avez revêtu le Christ; il n'y a ni juif ni Grec, il n'y a ni esclave ni homme libre, il n'y a ni homme ni femme.* » N'est-il pas temps d'ajouter à cette liste : ni clerc ni laïc, « *car tous, vous ne faites qu'un dans le Christ Jésus. Mais si vous appartenez au Christ, vous êtes donc de la descendance d'Abraham, héritiers selon la promesse[2]* » ?

Fortifions-nous dans cette réalité première, fondatrice et stimulante, qu'il n'y a qu'un peuple, celui des baptisés, un unique peuple et non des catégories dont il est évident qu'elles sont germe de division, d'un mimétisme stérile, de jalousies paralysantes, de mécanismes de défense mortifères.

---

1. Deutéronome 30, 19.
2. Épître aux Galates 3, 27-29.

C'est pourquoi nous tenons tant à cette intuition – qui n'est que retrouvailles avec nos origines – de fonder notre vocation autour de celle des baptisés, « *prêtres, prophètes, rois* ». Nous ne voulons pas retomber dans les ornières où se sont enfoncés nos aînés des années 1970, en nous lançant dans une revendication catégorielle en faveur des seuls laïcs.

Il ne doit plus y avoir, aujourd'hui, que des baptisés, tous héritiers de la promesse. Et des ministères à pourvoir, des services à rendre, des missions à remplir, en fonction des seuls besoins, des seuls charismes, des disponibilités.

Sans aucun doute, il y aura des diacres, des prêtres, des évêques, et nous l'espérons, d'autres « ministres » institués pour le bien de tous. Ils seront nos évêques, nos prêtres, nos diacres, nos ministres, non parce que nous serons leur peuple, leur troupeau, car nous ne sommes tous qu'un seul peuple, qu'un seul troupeau, celui de Dieu. Non. Ils seront nôtres parce qu'ils seront des nôtres, étant du milieu de nous, demeurant avec nous.

La question de l'état de vie, célibataire ou pas, sera un choix, une option de nature privée et non un couperet, une lame qui sépare, comme c'est le cas aujourd'hui.

Si le peuple entier est héritier des promesses, il doit refaire son unité autour de ce qui le définit, le baptême, et la célébrer dans l'eucharistie (qui doit donc de nouveau pouvoir être abondamment célébrée).

Il doit le faire dans une fraternité effective entre les laïcs et les prêtres actuels, dans l'adoption d'un horizon commun, celui du bien de l'Église et de l'annonce retrouvée de l'Évangile.

Demain, les baptisés seront à la fois les colonnes de l'Église et les missionnaires de la Bonne Nouvelle pour le monde. Beaucoup est déjà fait en ce sens. Ce qui ne l'est pas encore, c'est d'en avoir tous une claire conscience. C'est à cela que nous devons tous œuvrer.

Une Église pour le monde

Notre conversion ne serait pas entière si demeurait l'actuelle tentation de refus du monde. Encore une fois, il ne s'agit pas de donner un blanc-seing au monde d'aujourd'hui – la capacité de critiquer est le privilège des êtres libres – mais de nous y mouvoir en rendant grâce à Dieu de nous y avoir mis, ici et non ailleurs, aujourd'hui et non hier, pour œuvrer à son bien et non pour le couvrir d'anathèmes.

Car il n'y a vraiment plus que les cathos pour parler ainsi du monde, avec cette ingénuité charmante et décalée de celui qui déclare n'en vouloir que sous bénéfice d'inventaire! Mais l'utérus qui nous a poussés dans le vaste monde ne reprendra jamais son bien. Jusqu'à notre dernier souffle, nous y serons, tergiversations ou pas.

Alors, que faire de cette tension quasi originelle du christianisme qui nous assigne à la fois au monde et hors de lui?

Oui, le chrétien qui croit en la Résurrection met sa foi en l'existence d'un autre monde, celui que les apparitions de Jésus ressuscité laissent entrevoir.

Oui, les premiers siècles ont ardemment attendu la Parousie, la fin des temps. Mais c'est le désir du retour du Christ qui les poussait.

Alors comment nous, chrétiens, pouvons-nous nous comporter comme de futurs « citoyens du ciel » et vivre dans le monde selon les règles communes ? Voici quelques jalons.

1. Croire en la Résurrection ne signifie pas que le monde soit mauvais. Contrairement à d'autres religions, le christianisme n'affirme pas que ce monde est un monde d'apparence, il en reconnaît la densité propre. *« Et Dieu vit que c'était bon »*, dit la Bible en accueillant son lecteur : c'est ce monde que Dieu visite et honore. L'au-delà pascal n'est donc pas un monde de rattrapage. La vie est donnée ici et maintenant et mieux vaut lui faire honneur sans retard, car ce que l'on rate sur terre est bien raté. Dieu console, pardonne, mais il n'efface pas l'Histoire.

2. Il y a bien une « subversion chrétienne », un renversement des valeurs, un radicalisme évangélique si inouï que Jésus mettait en garde ses amis, les fils de Zébédée : *« Pouvez-vous boire la coupe que je vais boire*[1] *? »* L'audace chrétienne est d'oser regarder un Dieu immolé et de ne vouloir comme viatique que ce crucifié cloué au bois. Jésus donne en modèle aux siens ce que lui-même va traverser, et que rappelait encore récemment frère Luc, le médecin de Tibhirine : « la pauvreté, l'échec et la mort ». Tout, dans notre monde, ne marche pas « comme on le voudrait ».

3. Ce radicalisme que prêche Jésus n'a rien à voir avec la fuite du monde. C'est tout le contraire ! Il est le résultat de son acceptation plénière, intégrale. S'il est si dérangeant, c'est parce qu'il en tient les extrêmes – la hauteur, la largeur, la profondeur –, ces contrées à risques vers

---

1. Marc 10, 38.

lesquelles peu osent aller : il explore tous les bas-fonds du monde, partout où l'homme vit et souffre. Michel de Certeau disait : *« Le Salut, oui, mais pas sans l'autre. »* Qu'existe-t-il au monde de plus digne, de plus éblouissant, de plus sublime que ce radicalisme ?

4. Les pouvoirs politiques se sont efforcés de contrôler la sphère religieuse et, pour ce faire, ils ont accepté des compromis. Rois et empereurs ont plié la nuque pour recevoir l'eau du baptême chrétien. L'empereur Théodose a accepté le sac et la cendre du pénitent sous peine d'être excommunié par l'évêque Ambroise. Et Napoléon, qui voulait d'une religion qui assure la moralité publique, a signé le Concordat de 1801. Certains, aujourd'hui, continuent à attendre de l'Église ce service « d'ordre public » à bon compte. Mais c'est compter sans l'exigence du Royaume.

En face du pouvoir politique, l'Église, si elle a le plus souvent cherché la conciliation, a aussi parfois imposé un bras de fer. Il y eut, dans l'histoire chrétienne, des martyrs[1], comme il y eut des hommes d'Église courbés devant le pouvoir. Tension « structurelle », inconfortable, oui, l'Église vit dans l'inconfort d'un Royaume en germe, déjà là mais non advenu.

5. Si le chrétien est un acteur social comme un autre, s'il a même le droit et parfois le devoir de rappeler, évidemment à rebours des modes et des pouvoirs, la priorité pour l'homme, il ne le fait pas au nom d'une illusoire « extériorité » par rapport au monde. Il le fait parce

---

1. Ainsi, l'Église d'Angleterre connaît-elle à quatre siècles de distance deux Thomas martyrs : Thomas Beckett, l'évêque assassiné dans sa cathédrale par les sbires du roi Henri II, et Thomas Moore, le savant laïc exécuté par Henri VIII.

que Jésus l'entraîne au-devant de l'infinie complexité du monde et qu'il l'y plonge « radicalement ».

6. Si l'histoire de l'Église peut encore nous enseigner, c'est bien pour nous supplier, nous chrétiens, de ne pas laisser s'installer un décalage entre notre condition de chrétien et celle de citoyen. Le monde change vite, mais c'est le nôtre. Si la décision éthique est devenue difficile, elle reste plus que jamais nécessaire. Elle demande intelligence et compétence. Plus qu'au passé, c'est à l'avenir que notre Église doit des comptes. « *Je suis conservateur de l'avenir* », aimait à dire Mgr Marty, ancien archevêque de Paris.

7. « Ce monde » mis en procès est pourtant la terre de Dieu, celle qui l'a fait jubiler de joie dès le deuxième jour de sa création. Dans « ce monde », des cœurs purs font le bien, des artisans de paix pacifient, des assoiffés de justice se dressent, des miséricordieux font vraiment miséricorde. Des savants et des chercheurs explorent, expliquent, raisonnent, interrogent. Dans « ce monde », il y a des gens qui s'aiment et qui irradient de lumière ceux qui les approchent. Ils n'ont ni col romain, ni croix au cou, ni tee-shirt à l'enseigne de « Djiseeus ». Croyants en d'autres croyances ou honnêtes païens, frères et sœurs en humanité, leur travail et leur engagement nous instruisent, nous édifient, nous égaient, nous défendent, nous délivrent, nous consolent. Heureux sont-ils, heureux sommes-nous de les rencontrer !

La question centrale, vitale, pour nous chrétiens, est de savoir si, à l'image des vierges de la parabole, notre Église est sotte ou sage. Souvenez-vous, les sottes n'ont pas d'huile, les sages en ont gardé pour aller à la rencontre de l'époux. Et lorsque celui-ci arrive, «*à minuit même*», dit l'évangéliste, *seules les vierges sages entrent dans la salle de noces*[1]. Notre Église est aujourd'hui assoupie comme ces vierges. Aura-t-elle «l'huile de l'avenir», celle qui éclairera le chemin du monde, celle qui la mènera à la rencontre de l'époux? Il n'y a pas plus grande urgence que d'y travailler.

Vous êtes sûres que vous êtes encore catholiques?

Oui, nous sommes toujours catholiques!

Et nous osons demander à notre Église de le rester!

Le Christ, en confiant son troupeau à un pauvre renégat pardonné et repentant, n'a pas fondé une monarchie absolue de droit divin.

L'Église doit sa survie à sa capacité d'adaptation, elle qui fut clandestine au temps des persécutions, impériale dans l'Empire romain, féodale au Moyen Âge, monarchique au temps des monarchies.

Nous demandons à notre Église de continuer à s'adapter, à adapter sa structure aux besoins de l'annonce de l'Évangile «jusqu'aux extrémités de la Terre», et pour ce faire de refuser les discours de séparation, de défiance, de jugement. En cela, elle demeurera fidèle à sa catholicité.

Pour le reste, c'est-à-dire la foi catholique, nous la professons! Nous sommes baptisées, confirmées, nous recevons avec foi et piété les sacrements de l'Église.

---

1. *Cf.* Matthieu 25, 1-13.

Et nous savons fort bien qu'il y a dans le catholicisme une Tradition et des traditions. Les traditions, pour vénérables qu'elles soient, ne sont que des usages marqués par des circonstances historiques et culturelles. La Tradition – et c'est un des apports du concile de Vatican II que de l'avoir explicité – a, comme l'Écriture, une source unique, le Christ, la Parole de Dieu faite chair, le Verbe de Dieu. Aucun usage, si antique soit-il, ne peut en appeler à la Tradition, ni requérir l'obéissance de la foi s'il ne peut être rapporté au Christ lui-même car *« la profonde vérité que cette Révélation manifeste, sur Dieu et sur le salut de l'homme, resplendit pour nous dans le Christ, qui est à la fois le Médiateur et la plénitude de toute la Révélation* [1] *»*.

Il est naturel et normal que l'Église se questionne sans cesse sur sa fidélité au Christ et à la mission qu'elle a reçue de lui. Contribuer à ce travail d'ajustement est ce que nous faisons. Nous, les catholiques, ne sommes pas assignés à une obéissance servile et muette, nous sommes des « pierres vivantes » douées de parole. Nous parlons, et le Code de droit canonique, non seulement ne nous refuse pas ce droit, mais nous en fait devoir !

Dans l'actuelle situation d'urgence, c'est le silence, le funeste et lâche silence de la servilité, qui ne serait pas catholique.

Oui, « ni partir ni nous taire » : tout vaut mieux, aujourd'hui, que cette sournoise démission qui piétine toute espérance. Oui, rouvrir les portes de l'avenir, car le Christ nous y attend. Tel est le geste « catholique » que nous espérons de notre Église.

---

1. Constitution dogmatique *Dei Verbum*, § 2.

9

Notre avenir

OUI, nous entrons en espérance, et dans une espérance en actes.

Voici les grandes options qui, selon nous, doivent être celles de notre Église.

Prendre le chemin de la fraternité

La fraternité ne va pas de soi. Nos frères et nos sœurs ne sont pas seulement ceux du sang, ni de la nation ou du continent, ni des affinités électives, ils sont ces 7 milliards d'êtres humains qui peuplent la planète. Les acceptons-nous comme des frères et des sœurs avec qui nous nous donnons une loi commune pour vivre ensemble? Beaucoup d'entre nous préféreraient que la fraternité reste au fronton des mairies, proclamée, invoquée, mais… tenue à bonne distance. Or, Jésus a placé la fraternité au centre de sa vie, jusqu'à en accepter le prix, celui de la Croix. Comment son Église ne chercherait-elle pas à en vivre?

Jésus, en Juif familier des Écritures, a grandi avec la vieille histoire de Caïn et Abel. Si ce récit est placé à l'orée de la Bible, c'est bien parce que la question du juste rapport à l'autre, de la « fraternité » au sens large, surgit dès les premiers engendrements de l'humanité.

Dans cette tragédie où Abel va trouver la mort de la main de Caïn, le choix des prénoms est instructif. Caïn signifie « ce qui est consistant » et Abel, « ce qui est évanescent ». Ces prénoms sont si caricaturalement opposés et complémentaires qu'ils invitent presque à écarter l'interprétation classique d'une jalousie entre deux frères pour en proposer une autre, très ancienne et peu connue, celle de Philon d'Alexandrie. Ce philosophe juif du Ier siècle voit en Abel la part intérieure de l'homme, sa partie évanescente (*hével*, « buée ») que l'autre partie, « le consistant », la chair, en somme, ne peut ou ne veut pas voir. Abel serait donc ce que l'être humain accepte de sacrifier en lui.

Est-ce le mystère que l'homme est pour lui-même ? La part divine en lui ?

Quoi qu'il en soit, le sang de cette part méconnue crie toujours, depuis le profond de la terre. Abel, au-delà de sa mort, reste la part du frère, de l'autre, celle qui rend vraiment homme ou femme « à part entière ».

Ce récit suggère que la fraternité commence et s'éprouve au cœur même du sujet, dans son acceptation de ce qui le surprend en lui.

Quelle modernité dans cette histoire !

Dans nos sociétés où ce qui ne se voit pas peine à être reconnu, Abel, trop souvent, souffre violence et son sang crie toujours. Et de fait, que de conflits, jusqu'à causer mort d'hommes, sont dus au refus de ce qui en nous-mêmes est insupportable ! Pourquoi ces crimes gratuits contre des passants « qui se trouvaient là », ou cette haine contre des gens qui nous renvoient une image insupportable, sinon à cause d'une projection sur l'autre de la part intérieure de nous-mêmes que nous refusons ? Plus une société est normée, moins elle accepte Abel. Et il ne suffit pas de scander « fraternité, fraternité ! » pour être capable de la vivre.

Pour l'avenir de l'Église, cette disposition intérieure compte. Dans sa dimension institutionnelle, l'Église peut tout à fait refuser l'altérité, la différence, l'étrangeté. Cette part de l'Église qui refuse les femmes, celle qui dit aux paroissiens mécontents « vous n'avez qu'à partir », celle qui insiste sur la perfection, la performance, la morale, le légalisme, le « consistant », ce qui se voit, les statistiques de baptême et le nombre de confessions, cette Église-là continue de tuer Abel.

A contrario, celle qui ne fait pas du mystère de l'homme et de Dieu un instrument de son pouvoir mais une grâce, celle qui chérit ce qui est fragile en elle, celle qui est plus ouverte envers le monde, sera plus fraternelle.

Le modèle pourrait en être François d'Assise, qui assume tout en lui, jusqu'à la part d'ombre, de buée, tout ce qui est volontiers appelé le « négatif de la vie » : les revers, les fautes, la mort, l'échec[1]. Voilà quelqu'un que l'idéal du moi ne tyrannise pas ! Il intègre tout, l'accueille

---

1. Charles de Foucauld, les moines de Tibhirine, Teresa de Calcutta en sont d'autres figures.

sans honte au nom de l'amour miséricordieux de Dieu, et chante même la beauté de sa sœur la mort. On ne s'étonnera pas que François soit appelé l'« homme fraternel ».

Caïn et Abel souffraient de la défaillance de leur père de chair. Le récit, sur ce sujet, est explicite. *« "J'ai acquis un homme de par Yahvé ", dit Ève au moment de la naissance de Caïn. Puis " elle donna aussi le jour à Abel*[1] *".»* On voit bien en quelle piètre estime elle tient son époux ! Entre autres choses, ce récit enseigne que, pour être frères, il faut avoir un ascendant clairement identifié et ne pas être simplement des entités juxtaposées. Forts de cette intuition, les corps sociaux, nations, mouvements... se sont toujours donné des figures tutélaires, que ce soient les patriarches des temps anciens ou les pères fondateurs (de la Constitution américaine, de l'Europe...). Leur fraternité se cimente « au nom du père ».

Mais Jésus emprunte un tout autre chemin. Bien sûr, il se réfère constamment à son « Père », qu'il appelle « *Abba* », nom d'un père tendre et miséricordieux. Mais il a fait le choix de l'humanité. Il est l'un d'entre nous, « un de l'humanité ». Et il a beau être le « fils unique » du Père, il vit plus intensément que personne avant lui la fraternité ! Il côtoie les parias, les femmes, les impurs, les laissés-pour-compte, il appelle ses interlocuteurs « frères ». En guérissant les malades, il fait en sorte que personne ne reste à l'écart de la vie. Dans un monde très patriarcal, où les comportements étaient imposés par le groupe social, Jésus a abattu d'immenses barrières entre les hommes.

Mais il n'en reste pas là. S'il est frère, c'est « à la vie, à la mort ». Il vit sa condition de frère jusqu'à la Croix.

---

1. Genèse 4, 1-2.

Bien sûr, au cours de sa Passion, il donne un même Père à tous. Au matin de Pâques, au jardin, il dit à Marie-Madeleine : « *Va trouver mes frères et dis-leur : Je monte vers mon Père et votre Père*[1]. » « Son Père » est devenu « notre Père ». Mais, contrairement à ce qui souvent se dit, la Passion de Jésus est bien davantage un geste de fraternité acceptée qu'un acte de soumission à une volonté paternelle qui apparaîtrait cruelle, voire perverse. « Obéir au Père », pour Jésus à ce moment-là, c'est suivre la logique de l'Incarnation, c'est être frère de la naissance à la mort.

Jésus meurt pour le bien qu'il a fait autour de lui. Pour avoir aboli des frontières, instauré de nouveaux liens, restauré l'homme blessé, débouté les prêtres qui se croyaient propriétaires de Dieu…. Il meurt pour la justice, divine et humaine. Ce souci s'exprime dans l'une de ses dernières paroles : *« Père, pardonne-leur : ils ne savent pas ce qu'ils font*[2]. On voit clairement que Jésus se place en médiateur auprès du Père pour que le frère soit sauvé. C'est l'amour du frère qui l'emporte et non la satisfaction servile d'un désir paternel. Et Jésus donne sa vie « *pour la multitude*[3] », c'est-à-dire pour l'humanité entière.

La fraternité chrétienne, née dans l'offrande de la Croix, geste d'amour et de justice, ne connaît pas de frontières : elle est universelle.

Ainsi, notre accès au Père se fait par la vie fraternelle. C'est par le chemin de la Terre, celui d'une humanité que le Christ habite en chacun de ses visages, que l'on va

---

1. Jean 20, 17.
2. Luc 23, 34.
3. Matthieu 26, 26-27.

vers le Père « *qui est au Ciel* ». C'est donc par la rencontre incessante du Christ, par la foi, l'espérance et la charité que celle-ci suscite, que la vie fraternelle se construit, s'éprouve, se déploie.

La fraternité chrétienne nous libère donc pour toujours de ce qui écrase l'homme, l'assujettit, l'aliène. Le pouvoir, dans ces conditions, ne peut plus être qu'un service « pour le frère ».

Notre Église l'enseigne à ceux qui, dans ses rangs, ont du pouvoir.

Et si le pouvoir est inévitable, sa destination « fraternelle », c'est-à-dire son « partage », l'est tout autant. Or, il n'en est pas souvent ainsi... On aura beau se draper dans la conviction de « servir » et se donner à voir dans ses beaux habits de serviteurs, si on rétablit par-derrière un ordre hiérarchique patriarcal et inflexible, alors la fraternité reste un vœu pieux, pire encore, le modèle de ce qui ne mène à rien !

Dans les circonstances actuelles, il est urgent de poser clairement la question du pouvoir. L'Église est un peuple de frères (et de sœurs). Nul n'est plus sous le joug d'un quelconque patriarcat.

C'est « le Verbe qui s'est fait frère », que notre Église doit « répandre et communiquer », non un système hiérarchique hérité des défuntes sociétés patriarcales.

Cette fraternité oblige à la joie du face-à-face, à la parole échangée, à la correction fraternelle humblement donnée et reçue, sans fausse honte, sans soumission servile. Oui, la fraternité chrétienne est un trésor pour le monde sans frontières que nous habitons. Elle est même la pierre angulaire sur laquelle il peut se construire.

Opter pour la pauvreté

Richesse et pauvreté sont des mots si riches de sens qu'ils ne veulent parfois plus rien dire. Soyons claires : entre richesse et pauvreté, la cause est vite plaidée. Tout le monde veut être riche, soit de biens, soit de savoir, soit d'affection, soit de liens. Heureusement, car supprimer ce désir de richesse, ne rien vouloir, ni une chose plus qu'une autre, et même pas la miséricorde de Dieu, c'est stopper en soi l'appétit, l'élan, la vie même. Assurément, mieux vaut richesse que pauvreté. La misère est haïssable car elle asservit l'être, l'ampute de ses aptitudes à créer, à jouir de la vie, à transmettre. Rien ne saurait donc justifier le misérabilisme, plus proche de la pathologie dépressive que du message évangélique.

Ce sont les pauvres et non la pauvreté en elle-même que Jésus invite d'abord à aimer. Pourquoi eux plus que d'autres ? Parce que la survie de l'humanité en dépend. Si l'on commence à maltraiter les déshérités, les malades, les handicapés, les vieillards, les détenus, les fous, les femmes ou les petites filles, où s'arrêtera-t-on ?

Les pauvres d'aujourd'hui, au moins dans le monde occidental, ne ressemblent pas à ceux d'hier [1]. Trop nombreux encore sont ceux qui souffrent de dénuement matériel, mais les pauvres de notre temps sont aussi très largement des « blessés de la vie » en situation de précarité affective, relationnelle, psychique. Ils sont les

---

1. « Les pauvres, de Job à Martin Hirsch », *L'Histoire*, numéro spécial, janvier 2010, p. 46-57.

premières victimes du délitement social. Pauvres en liens, ils se sont d'abord appauvris à leurs propres yeux. Leur dignité et le sens de leur vie leur échappent. Il leur manque le rocher où s'ancrer, la conscience qu'il existe pour eux aussi quelqu'un à qui « on peut tout demander ». Ils aspirent à vivre une histoire d'amour, de cet amour non possessif, non lié, gratuit, qui remet les êtres debout.

Chacun voit combien l'Évangile est aujourd'hui plus encore qu'hier « leur Bonne Nouvelle ». Or, il est dramatique pour les catholiques que nous sommes de constater que notre Église, si présente hier sur le front de la pauvreté matérielle, a trop peu de contacts avec eux. Certains sont des personnes immigrées, sans religion ou d'une autre religion, d'autres sont des femmes et des personnes divorcées ou homosexuelles dont l'Église s'est coupée. Inutile de dire que, dans ces conditions, le contact n'est guère facile[1] ! Un vaste réseau associatif catholique existe et aide à leur reconstruction, psychique et sociale, mais sur le terrain de l'annonce évangélique, les chemins de la rencontre se dérobent.

Il y a là quelque chose de très déroutant. On pourrait plaisanter sur cette Église qui devra, telle une dame patronnesse, chercher des pauvres « méritants » (selon ses normes morales) et dignes d'êtres aidés. Mais plus gravement, cette « défection » devrait susciter en chacun une extrême perplexité : comment notre Église peut-elle

---

1. À part en milieu carcéral ou psychiatrique où l'Église a depuis longtemps des accords avec les administrations de tutelle. Et le cas particulier des personnes handicapées où, souvent, les initiatives sont venues des familles.

rester l'Église du Christ si elle n'est pas le havre naturel des pauvres[1]? Si la question ainsi posée a un petit air de provocation, elle reflète cependant bien l'amertume actuelle de beaucoup de catholiques engagés auprès d'eux : « Les pauvres n'intéressent plus l'Église car ils ne sont pas cathos. »

Ne pas mettre la main sur Dieu

Dieu est-il un hochet? Croit-on le gagner à la loterie ou aux mérites? Non, il se donne et, puisqu'il se donne, il n'a de compte à rendre à personne : Dieu est sans pourquoi, il « *comble son bien aimé qui dort*[2] ». Chercher à le posséder est donc une tragédie, mais une tragédie si commune que nous pouvons en toute bonne foi nous demander – chacun de nous et l'Église dans son ensemble – s'il est possible d'y échapper. Déjà le premier couple dans le jardin d'Eden s'y est laissé prendre en mettant la main sur l'arbre de Dieu, et après lui le Pharisien de l'Évangile, et avec lui ces myriades de petits pharisiens qui, toutes religions confondues, s'agitent et se pavanent! Combien sont-ils à se hausser du col, inconscients de la grandeur divine, ridiculement convaincus que Dieu est aussi aisé à attraper qu'un fruit sur un arbre?

---

1. Rêvons un instant que nos liturgies soient accessibles aux pauvres d'aujourd'hui. Quelle chance ce serait! Car, s'il est bien un lieu où un sujet peut éprouver l'amour de Dieu, apprendre à dire à la fois « je » et « nous », se redresser pour se réinsérer, c'est bien la liturgie! Mais il faudrait que nos liturgies guindées fassent davantage de place à l'expression des sentiments – rires, larmes, cris, silences, expression corporelle – qui sont la richesse du pauvre, l'offrande qu'il apporterait à l'autel.

2. Psaume 127, 2.

La longue histoire de ces tentatives de captation s'enracine dans la nuit des temps, lorsque les peuples cherchaient à se concilier les faveurs divines par des sacrifices sanglants. En apaisant leur conscience inquiète, ils escomptaient que Dieu serait « le petit coup de pouce » qui ferait gagner la bataille ou écarter le mauvais sort. Dans d'autres contextes, c'est en respectant la loi « à la lettre » que ces scrupuleux briguent la conciliation de Dieu : *« Je jeûne deux fois la semaine, et je donne la dîme de tout ce que j'acquiers*[1] *»*, dit le Pharisien. Et chez un grand nombre de croyants subsiste la conviction que les mérites acquis ouvrent le chemin du ciel : *Do, ut des*, donnant, donnant, principe que beaucoup rêvent de voir fonctionner avec Dieu.

Ce désir de captation de Dieu est non seulement blasphématoire, mais, par la peur de l'autre qu'il manifeste, il entretient une culture de la « séparation », selon l'étymologie même du mot pharisien : *« Mon Dieu, je te rends grâce de ce que je ne suis pas comme le reste des hommes*[2]*. »* À l'intérieur même de l'Église, c'est un puissant facteur de division, une faillite grave de la communion.

Pourtant, Jésus n'a pas manqué de mettre ses auditeurs en garde : il a rappelé que l'Esprit *« souffle où il veut, sans que l'on sache d'où il vient ni où il va*[3] *»* ; il a non seulement affirmé l'inaccessibilité de Dieu, mais clairement dit *« qui m'a vu a vu le Père*[4] *»*, barrant le chemin à une quête spirituelle de type métaphysique, abstraite, au profit de la

---

1. Luc 18, 12.
2. *Ibid.*
3. Jean 3, 8.
4. Jean 14, 9.

richesse d'une rencontre humaine. Et surtout, au matin de sa résurrection, il a accueilli Marie-Madeleine avec cette consigne : *Noli me tangere*[1].

Voir mais ne pas toucher, jouir de la présence divine sans la posséder, ne pas vouloir que Dieu soit son faire-valoir personnel, garder le dépôt de la foi sans en être propriétaire, annoncer l'Évangile et ainsi le recevoir... Telle est la feuille de route catholique. Certes, cela paraît difficile, autant que de faire passer le chameau dans le chas de l'aiguille : seule une âme de pauvre, humble, contemplative, libérée d'elle-même, peut franchir une porte aussi étroite!

Dans les grandes décisions de l'Église comme dans ses gestes quotidiens, ce défi est à relever. Une Église à l'âme de pauvre célèbre avec les pauvres, elle tient porte ouverte, elle pleure avec les affligés et se réjouit de la grâce donnée, elle ne fait pas la morale à tout bout de champ car elle ne connaît pas le jugement de Dieu, elle n'exclut pas, parce que Dieu seul sépare le bon grain de l'ivraie, elle n'a pas l'obsession d'être méritante devant son Seigneur : fait-on du chiffre avec Dieu[2]? La Loi? Elle la tient à sa juste place, ni plus ni moins. Et, sans doute, est-ce lors de l'eucharistie, au moment où elle offre le Corps du Christ à ses fidèles qu'elle est invitée à éprouver, jusqu'au dénuement absolu, qu'elle n'est propriétaire de rien, que l'eucharistie n'est pas « sa chose », mais un don venu d'ailleurs. Alors, oui, elle peut entendre la petite musique des Béatitudes : «*Heureux celui qui a une âme de*

---

1. Jean 20, 15 : « Ne me touche pas. »
2. Mérite qui se donnerait à voir en statistiques flatteuses, de sacrements donnés, de prêtres ordonnés...

pauvre. » Et au diable l'inquiétude, les scrupules de tout poil, même liturgiques, au diable les mérites, la tyrannie de la forme, du « qu'en-dira-t-on », de la perfection, Dieu seul suffit.

Cette dépossession permet alors à l'Église d'écouter sereinement les multiples voix qui, en son sein, témoignent, chacune à sa façon, de cette présence. Celle des grands ordres religieux, celle des fondations nouvelles qui se cherchent encore, celle de tout son peuple qui propose ses forces. Comment l'Église peut-elle dresser le couvert du pauvre à sa table, sinon dans l'acceptation de la diversité, de l'inconnu, de l'inattendu ? N'est-ce pas « le bonheur qui suffit » de croire que Dieu est bien là, offert à tous ?

Pourquoi veut-on posséder Dieu ?

On sait aujourd'hui analyser, dans notre psychisme, ce désir de captation des faveurs. Il suffit de faire… un peu d'archéologie. Au cours de ses premières années, un petit enfant, garçon ou fille, entre en rivalité avec son père et – même si c'est selon des modalités différentes – avec ses frères et sœurs, pour garder l'exclusivité de l'amour de sa mère. La plupart du temps, cette rivalité se dénoue toute seule lorsque l'enfant s'ouvre à un monde plus large que la stricte cellule familiale, renonce à sa toute-puissance imaginaire et surtout comprend qu'il est aimé pour lui-même, dans son identité propre. Il se libère alors de ce désir exclusif et même il en perçoit la nocivité, qui est de le priver de toute la richesse des autres relations humaines. Désormais, il a envie des autres, son appétit

relationnel est ouvert. Si cet obstacle, qualifié d'« œdi-
pien », est mal franchi, le sujet transférera ce désir ancien
de la mère vers d'autres « objets d'amour », tel Dieu. Et
tout au long de sa vie, il risque d'entendre l'écho de ce
passage plus ou moins traumatisant. Il peut en garder un
sentiment latent d'insécurité, une propension à aimer
de façon exclusive, idéalisée, tyrannique, sans capacité à
maintenir une distance avec l'objet aimé, et une faible
aptitude à des relations sociales riches et différenciées.
Tout, pour lui, sera prétexte à se séparer plutôt qu'à se
lier. Quel étonnement de constater tous ces mécanismes
à l'œuvre dans l'attitude pharisienne !

Retrouver le nomadisme

« *Mon père était un araméen errant*[1]. » Oui, quand Dieu
visitait Abraham, nous n'avions que l'hospitalité d'une
tente à offrir.

Que reste-t-il de notre nomadisme originel ?

Voyez comme ils sont beaux, tous ces signes de la présence chrétienne qui ponctuent nos paysages ! Comme il
est émouvant le livre de notre histoire, ouvert à même
la terre de nos campagnes, à même la géographie de nos
villes. Où est le centre-ville, le cœur du village ? Il suffit
de chercher le clocher. Là où est la flèche, la croix, là est
le centre.

À la croisée des chemins, d'antiques croix de pierre
invitent à la prière. La toponymie elle-même parle chrétien : Saint-Martin, Saint-Étienne, Sainte-Marie, Saint-

---

1. Deutéronome 26, 5.

Germain ou Sainte-Maxime, l'annuaire des communes de France est une longue litanie, sans compter les Thin-le-Moutier, Tain-l'Ermitage, ou Signy-l'Abbaye.

Comment ne pas se laisser gagner par la nostalgie de temps anciens que nous repeignons d'aimables couleurs? Comment ne pas céder à l'illusion romantique de la douceur tranquille des travaux et des jours et oublier qu'alors, la terre nourrissait bien mal ceux qui s'y échinaient, que les pestes et autres maux – que trois jours d'antibiotiques éradiquent aujourd'hui – décimaient les populations. En ces époques, tous les vivants étaient des survivants, et les pierres qu'ils ont laissées crient vers le ciel leur espérance que leurs fragiles existences ne soient pas promises au néant.

Cette espérance, n'hésitons pas à la reconnaître, à nous en nourrir. Mais prenons garde à ces pierres si belles, si anciennes, prenons garde à leur charme. Nous ne sommes pas faits pour les pierres. À la suite du Christ, nous sommes en marche, nous suivons les pas du Ressuscité, celui que la pierre du tombeau n'a pas retenu.

Laissons les pierres mortes derrière nous, ne cédons pas à la tentation de nous enfermer derrière les murs de notre histoire, si belle soit-elle. Nous sommes nés pour le plein vent. Nous ne sommes pas les gardiens des temples de pierre, nous sommes les serviteurs du Corps du Christ, ce Corps mystique, cosmique, dont nous sommes les pierres vivantes.

Nous avons des rêves de bâtisseurs, nous voulons faire du solide, nous croyons que c'est cet effort qui sera loué par Dieu, fous que nous sommes, ne nous souvenons-nous pas de nos ancêtres de Babel? Le solide, c'est Dieu qui le fait, pas nous, et nous n'avons pas à bâtir des œuvres faites de mains d'hommes, mais à coopérer aux œuvres de l'Esprit. Nous avons à être des artisans de paix, des bâtisseurs d'amour, des semeurs d'espérance, des instigateurs de joie.

Oui, c'est un arrachement, une rude conversion que de tourner le dos à nos précieuses pierres. Mais nous sommes les frères et les sœurs de celui qui n'avait pas même une pierre où poser la tête. Notre mission n'est pas de sauvegarder un patrimoine mais d'annoncer les bienfaits de Dieu et le Salut à l'humanité.

Et il n'y a pas que les cathédrales ou les abbayes.

Il y a aussi les monuments de la pensée, les dogmes, les pratiques, les mots que l'on rêve gravés dans le marbre, figés à jamais. N'est-il pas légitime, dans ce monde en mouvement, qu'il y ait quelque chose de stable, quelque chose sur lequel on puisse « tabler[1] » ?

Elle est grande la tentation de s'enfermer dans des forteresses de certitudes, de surélever les défenses, de se préparer à tenir le siège. D'ailleurs, certains y succombent, ici ou là, on entraîne même des « milices[2] », pour on ne sait quel combat ? Bientôt, on va relever les ponts-levis ! C'est le moment de se débarrasser de tous ceux qui ne sont pas fiables : ce n'est pas le moment d'avoir des états d'âme, ni des doutes.

---

1. Une table de la loi par exemple...

2. Les Légionnaires du Christ, qui sont pourtant gravement mis en cause depuis que les turpitudes de leur fondateur ont été rendues publiques, au point que leur « refondation » est demandée, ont été rappelés à leur devoir de demeurer fidèles à leur vocation de « milice du Christ ». Le Christ n'a pas permis aux siens de brandir une arme et il aurait besoin d'une « milice » ? Allez comprendre !

Vous croyez que c'est exagéré ? Mais nous les entendons comme vous, ces nouveaux croisés d'un catholicisme intégral qui nous intiment de nous taire ou de partir !

Pourtant nous ne partons pas. Que ceux qui veulent se réfugier dans les forteresses y aillent, s'ils ont faim, ils pourront manger les *Catéchismes*. Nous, nous demeurons là où nous devons être, dans les plaines, avec nos frères et sœurs humains.

Nous demeurerons des marcheurs infatigables, suiveurs de ce Jésus qui n'est jamais là où nous l'attendons, qui sans cesse nous déroute. Avec lui, nous voulons planter notre tente au milieu des humains. Ce sont des barbares, nous dit-on. Ils ne savent rien de Dieu, ils ne l'ont jamais su ou ils ont oublié. Et alors, est-ce que le Christ n'est mort que pour les enfants de chœur et les grenouilles de bénitier ?

Nous voulons allumer des feux dans la plaine, pour éclairer la nuit. Nous voulons ouvrir le cercle pour ceux qui auront envie d'approcher, nous leur raconterons les histoires de nos ancêtres, nous écouterons les leurs, et peut-être nous trouverons-nous des traits communs.

Peut-être, parfois, tout cela se passera-t-il sur un fil de conversation virtuelle, ou dans les gares, dans les trains, dans les aéroports, les centres commerciaux et même les jardins publics. Nous sommes porteurs d'une parole vivante ! À quoi sert de l'adresser aux pierres des églises vides ?

Oui, il nous faut retrouver de la légèreté, l'époque s'y prête, qui favorise la vivacité, la rapidité, la fluidité.

Il nous faut redevenir nomades, croire que ce dont nous aurons besoin, Dieu y pourvoira. « *Voici que je vous envoie comme des agneaux au milieu de loups. N'emportez pas de bourse, pas de besace, pas de sandales*[1]*... »*

Nous ne sommes pas des guerriers, des miliciens, mais des agneaux, frères et sœurs de l'Agneau de Dieu. Et ce n'est pas nous qui avons les bâtons !

Oser le prophétisme

Si l'on regarde l'histoire du peuple d'Israël, on constate que les prophètes se lèvent en des temps incertains. Isaïe, Jérémie, Ézéchiel, pour ne citer que les plus grands, parlent alors que le destin même du peuple est en péril. Certes, ils ne sont pas tendres lorsqu'ils pointent les fautes et les infidélités, mais toujours, ils annoncent que Dieu n'abandonne pas son peuple, Dieu fera revenir les captifs, Israël éclatera en cris de joie, Jérusalem verra ses enfants revenir : « *Tes fils viennent de loin, et tes filles sont portées sur la hanche. Alors, tu verras et seras radieuse, ton cœur tressaillira et se dilatera, car les richesses de la mer afflueront vers toi, et les trésors des nations viendront chez toi.*[2] »

Le prophète ne fait qu'un avec sa foi, c'est elle qui le porte ; c'est pourquoi, alors qu'il se croit chétif, indigne, timoré, il devient par la puissance de la parole qui le soutient puissant et intrépide. C'est de ce prophétisme qui est un engagement total dont nous avons besoin, nous qui nous laissons si aisément étreindre par la peur et le découragement.

Notre temps a peur de l'avenir. Peurs immédiates, du chômage, de la crise, de la perte de notre mode de vie.

---

1. Luc 10, 3-4, envoi des soixante-douze disciples.
2. Isaïe 60, 4-5.

Peurs plus larges, liées à la conscience du monde global, si petit pour tous ces humains.

Y en aura-t-il pour tout le monde? De la croissance, de la santé, de l'éducation, de l'eau, du pétrole... Et si les pénuries, les jalousies entre peuples nous menaient à des guerres? L'autre devient vite un ennemi, le Chinois, le Polonais, l'émigré, le musulman, le Rom...

Étrange monde où la mondialisation uniformise à toute allure les modes de vie, les besoins et les désirs, et aussi les insatisfactions, les injustices. Étrange monde où l'on exalte sa différence, de peur de se confondre avec l'autre, avec les autres, et où la différence de l'autre est perçue comme une menace.

Plus que jamais, nous avons besoin d'entendre une parole qui ouvre l'avenir, qui fonde la confiance en Dieu. Nous avons besoin de cette parole portée en avant de nous, comme la nuée qui marchait en avant du peuple dans le désert du Sinaï, comme l'étoile qui devançait les mages, comme la prédication de Jean-Baptiste qui préparait le chemin du Seigneur, qui annonçait sa venue.

Il est frappant que la phrase de Jean-Paul II la plus connue et la mieux retenue est celle par laquelle il inaugura son pontificat : « *N'ayez pas peur.* »

Nous avons besoin de l'entendre, de le croire, de le dire.

N'est-ce pas ce qu'attendent les plus jeunes parmi nous? Si nos paroles ne sont que de regret, de nostalgie, de malédiction du temps présent, de soupçon sur le temps futur, comment espérons-nous être les témoins du Dieu qui fait promesse d'avenir?

Qui peut nous rejoindre, nous croire? Si nous soutenons un catholicisme de défiance, ne nous étonnons pas que les quelques jeunes qui s'y retrouvent soient naturellement tournés vers le passé.

Écoutons-nous! Le regret ne s'exprime pas seulement dans le goût du latin ou des fastes d'autrefois. Il s'exprime aussi par la voix de ceux que l'on dit « progressistes », et qui ponctuent leur phrase de « plus » : « il n'y a " plus " de solidarité », « " plus " de sens de l'engagement », « " plus " de générosité », etc.

Le monde, notre monde est devenu si petit que nous pouvons le parcourir en 24 heures, communiquer avec n'importe qui, n'importe où en une seconde.

Petit et si compliqué!

Qui le gouverne vraiment? Y a-t-il encore quelqu'un qui comprenne « comment ça marche » ?

Il y a de quoi s'effrayer, mais il y a aussi un formidable défi à relever. Écoutons l'auteur inspiré du livre de la Genèse, racontant la création de l'homme et de la femme : « *Dieu les bénit et leur dit : " Soyez féconds, multipliez, emplissez la terre et soumettez-la* [1] *".* » Aujourd'hui, ce n'est pas tant la nature qu'il faut soumettre, mais la culture, il faut soumettre la culture humaine à l'homme, l'ordonner au bien de l'humanité.

C'est la responsabilité de tous les humains, mais ce devrait être pour les chrétiens un impératif particulier, rien moins qu'un commandement de Dieu. Et ce commandement est bien sûr lié à l'amour du prochain. Rendre cette terre hospitalière est le premier des gestes d'amour.

---

1. Genèse 1, 25.

On dit couramment que l'effondrement des idéologies laisse l'humanité désemparée face à son destin, sans objectifs, sans but. Le christianisme a, parmi les religions, la particularité, qu'il partage avec le judaïsme, de donner sens à l'Histoire. L'histoire humaine a un sens parce que Dieu lui en donne un. L'humanité a à « s'accomplir ».

C'est une grande et belle question que cet « accomplissement », qui demande à être méditée, travaillée. Les sciences humaines, honteusement méprisées par des ecclésiastiques prétentieux ou craintifs, interrogent sans cesse la question de l'humain. Ne devrions-nous pas être les tout premiers passionnés par ces recherches ? Qu'avons-nous à craindre ? Si notre foi est fondée, ne devrions-nous pas trouver le Dieu créateur en sa Création, c'est-à-dire en l'humanité ?

L'indifférence, voire le soupçon dans lesquels sont tenues psychologie et psychanalyse, sociologie, anthropologie, ethnologie, par les arbitres de la « bonne foi » catholique, perchés sur leurs certitudes issues d'une théologie remâchée depuis des siècles, maintiennent la réflexion dans la sphère du jugement, de l'autorisé ou du défendu. Comment pouvons-nous ne pas être passionnés par les sciences de l'homme, nous qui croyons en un Dieu qui choisit de se faire homme pour se faire connaître ?

Mais ne nous égarons pas, il ne s'agit pas de produire des oracles, de faire des prédictions. La première vocation du prophète est la confiance. Le prophète accepte de croire Dieu. Il se livre à sa parole, et en lui la parole de Dieu prend corps.

Il n'est pas surprenant que les prophètes, comme les martyrs, soient des témoins si engagés qu'ils prennent le risque d'y laisser leur peau. Dans l'histoire récente, les moines de Tibhirine furent d'abord des prophètes de la fraternité.

Avoir une parole prophétique, ce n'est pas jouer avec les mots, c'est se laisser modeler par la bienveillance de Dieu, s'en faire les hérauts et l'annoncer. Notre modèle, au-delà des prophètes de l'Ancien Testament, c'est le Christ lui-même. Souvenons-nous dans quels termes il commence sa prédication à la synagogue de Nazareth, telle que l'Évangile de Luc nous la présente :

> « *On lui remit le livre du prophète Isaïe et, déroulant le livre, il trouva le passage où il était écrit :*
> *" L'Esprit du Seigneur est sur moi, parce qu'il m'a consacré par l'onction, pour porter la bonne nouvelle aux pauvres. Il m'a envoyé annoncer aux captifs la délivrance et aux aveugles le retour à la vue, renvoyer en liberté les opprimés, proclamer une année de grâce du Seigneur. "*
> *Il replia le livre, le rendit au servant et s'assit. Tous dans la synagogue tenaient les yeux fixés sur lui. Alors il se mit à leur dire : " Aujourd'hui s'accomplit à vos oreilles ce passage de l'Écriture. "*[1] »

Proclamer une année de grâce, la grâce de Dieu pour ce monde, voilà ce pour quoi nous sommes envoyés. Tel est notre « prophétisme ».

Choisir le dialogue

Comment les disciples du Verbe fait chair pourraient-ils ne pas être radicalement des hommes et des femmes

---

1. Luc 4, 17-21.

de dialogue ? Le Dieu chrétien ne se révèle pas en laissant tomber sur les pieds de ses disciples le bloc de marbre de la vérité.

Non ! La vérité a un corps et un visage, le corps nu du Torturé de la croix, le visage du Relevé, du Ressuscité. Elle a le cœur de celui qui demande : *« Père, pardonne-leur : ils ne savent pas ce qu'ils font* [1] *»*, de celui qui pardonne à Pierre ses reniements et confie à sa faiblesse le soin de ses frères.

Nous l'avons déjà dit, quand le Christ devient une définition philosophique, un concept, la vérité devient « définitive », au sens où elle produit des définitions.

Si le Christ est le marcheur de Galilée, le convive de Cana, de Capharnaüm, de Béthanie, d'Emmaüs, le pendu de la croix, le jardinier du matin de Pâques, la vérité devient une bonne nouvelle, un dialogue, une découverte, une conversion. Et même, elle devient compassion.

Soyons clairs, nous ne sommes pas « relativistes » au sens où nous dirions que tout se vaut. Mais nous ne croyons pas « détenir » la vérité, ni nous, ni le pape, ni les mots de nos dogmes et de nos catéchismes, parce que personne ne tient la vérité en détention. Ni la croix, ni le tombeau ne l'ont retenue. La vérité est libre, elle est sans attaches. Sans entraves. *« Noli me tangere »*, ne me touche pas. Non, on ne mettra pas la main sur la vérité.

---

1. Luc 23, 34.

La vérité ne sort ni *« toute nue du puits*[1] *»*, ni toute armée du cerveau de Jupiter. La vérité du Dieu trinitaire n'est ni un monolithe ni un monologue. Elle surgit vivante du dialogue.

Relisons rapidement le merveilleux récit des pèlerins d'Emmaüs. Le Christ ne s'impose pas aux marcheurs. Il ne dit pas « réjouissez-vous, c'est moi, le Seigneur ressuscité ». Il marche avec eux, les interroge : *« Quels sont donc ces propos que vous échangez en marchant ? »*, et eux racontent leur vie, leurs espoirs déçus, leur abattement. Celui en qui ils avaient cru est mort sur la croix comme un malfaiteur... Là, il pourrait de nouveau dire « regardez, c'est moi ». Mais non, il entre dans le dialogue, raconte pour eux l'Écriture. Et lorsqu'il arrive au village, ils le retiennent : *« Reste avec nous, car le soir tombe... »* Et il accepte l'invitation, sous leur toit, à leur table. Le partage de la parole devient le partage du pain. Et vient enfin le *happy end* que nous lecteurs nous attendons, en retenant notre souffle : *« Leurs yeux s'ouvrirent et ils le reconnurent... »* Il n'est plus là, mais la joie demeure : *« Notre cœur n'était-il pas tout brûlant au-dedans de nous, quand il nous parlait en chemin*[2] *... »*

Et il n'y a plus de nuit qui compte, car pour eux, la nuit n'est plus la nuit : *« À cette heure même, ils partirent et s'en retournèrent à Jérusalem. »* Et ils partagent ce qu'ils ont vu.

Remarquons que le Christ ne leur a rien demandé, ne les a pas envoyés, mais ils ne peuvent pas se taire. Ils

---

1. C'est la jolie image reprise de la fable de Florian qu'utilise Albert Rouet dans son ouvrage *Je voudrais vous dire* (Bayard, 2009).

2. *Cf.* Luc 24, 13-35.

courent vers Jérusalem, la joie leur donne des ailes. Quand on les imagine ainsi, viennent les mots du prophète Isaïe qui semblent écrits pour eux : « *Qu'ils sont beaux, sur les montagnes, les pieds du messager qui annonce la paix, du messager de bonnes nouvelles qui annonce le salut*[1]*...* »

Spontanément, dans cette histoire, nous nous identifions au Christ, nous pensons que nous devons faire comme le Christ, « cheminer » avec l'humanité, l'écouter, l'entendre. Mais il nous faut songer que nous sommes aussi les marcheurs d'Emmaüs. Ceux que nous rencontrons sur la route ne sont peut-être pas ceux à qui nous avons quelque chose à dire, mais ceux qui, en figure du Christ, nous disent, nous révèlent ce qui est précieux, nécessaire, indispensable. Combien de fois avons-nous croisé le Christ sans le voir, sans l'entendre, parce que nous avions quelque chose à dire, parce que nous avons parlé avant d'écouter ?

Nous ne choisissons pas le dialogue parce que ce serait la mode du temps, mais parce que c'est le mode de Dieu !

Nous croyons en un Dieu qui propose, s'expose mais n'impose pas, un Dieu qui appelle des libertés et qui les sauve.

Il n'y a pas de liberté « mauvaise » parce qu'elle s'opposerait à la vérité. La liberté, notre liberté, ce lieu propre, le siège de notre conscience, est le lieu où Dieu attend notre réponse, notre acquiescement à son offre amoureuse. Le poète Péguy prête à Dieu cette parole : « *Quand on a*

---

1. Isaïe 52, 7.

connu d'être aimé par des hommes libres, les prosternements
d'esclave ne vous disent plus rien[1]. »

Nous n'aimons pas Dieu à cause du catéchisme, nous
aimons Dieu parce que nous avons fait l'expérience de
son amour et que nous y répondons. Si pour certains, le
Catéchisme est la « carte du tendre » de leur relation avec
Dieu, pourquoi pas, chacun son goût. Nos lecteurs ont
bien compris que nous préférons la Bible et toutes ces
rencontres, tous ces dialogues, tout ce ramassis d'humanité dont Dieu fait son peuple.

Nous sommes toujours ce ramassis d'humanité. Et le
Dieu de la Bible ne nous demande pas de nous mettre à
genoux pour reconnaître je ne sais quelle puissance qui
appellerait notre soumission. Non, notre Dieu est celui
que Jésus nous appelle à connaître, à reconnaître. Et notre
reconnaissance est une action de grâces : « *Mon Seigneur*
et mon Dieu[2] », dit Thomas. À chaque messe, nous
commençons la prière eucharistique en disant : « *Vrai-*
ment, il est juste et bon de te rendre grâce… » Et la messe
elle-même est un dialogue, un dialogue amoureux entre
Dieu et son peuple.

Cette logique du dialogue est une logique de vie. La
parole de l'Église ne peut pas continuer à être confisquée
par quelques-uns qui se livrent à un soliloque ponctué de
malédictions et qui rendent cette parole mortifère.

Le monde de la « modernité » est un monde où
beaucoup de paroles sont énoncées, diffusées, martelées.
Toutes les vérités lavent plus blanc. Si nous, chrétiens,

---

1. *Le Mystère des Saints Innocents.*
2. Jean 20, 28.

nous situons dans cette concurrence, nous faisons du christianisme un « produit » comme un autre. Or, nous n'avons pas de part de marché à conquérir. Nous avons à relayer et à rendre crédible, en la vivant, cette parole de Jésus : « *Que veux-tu que je fasse pour toi ?* »

L'Église de demain

Il reste à nous poser une question radicale, choquante peut-être aux yeux de certains, mais inévitable : a-t-on encore, en 2010, besoin du christianisme ?

Certains soutiennent que le christianisme est accompli [1] : s'il est en crise, ce ne serait pas du fait de son échec, mais de son succès. Comme ces chansons populaires dont on ne connaît plus l'auteur, le christianisme, religion de la sortie de la religion, du désenchantement du monde, serait désormais diffus dans la société.

L'observation n'est pas fausse, quoi qu'en disent les esprits chagrins qui accusent si aisément nos sociétés d'immoralité ; les valeurs fondamentales du christianisme : le respect inconditionnel du sujet humain, le pardon, la compassion pour le malheureux, le souci du faible, du petit, sont devenues l'horizon des sociétés occidentales. Souhaitons que ces valeurs soient suffisamment fondées pour que la mondialisation ne leur porte pas tort, suffisamment désirables pour être adoptées universellement.

---

1. C'est en particulier la position de Gianni Vattimo dans son ouvrage *Après la chrétienté*, Calmann-Lévy, 2004.

Même si cette proposition paradoxale mérite nuances et approfondissements, faisons un pas de plus, raisonnons « par l'absurde » et demandons-nous ce qui resterait en propre au christianisme.

Anne

Au seuil de ma réponse, un flot d'objections me submerge. Et Dieu ? Le modèle chrétien de transcendance est d'une richesse considérable : il est relationnel. Il repose en effet sur une double visitation : celle de Dieu dans l'histoire humaine et celle des hommes dans le mystère de Dieu, donné à voir par la vie de Jésus. Si l'une des personnes de la Trinité a pris corps, c'est bien le signe que l'humanité est faite pour plus grand qu'elle ! En la personne de Marie, cette fille « ordinaire » de l'humanité, c'est l'humanité même, toute l'humanité qui entre dans le désir de Dieu, dans son double sens : où Dieu désire l'homme et où l'homme désire Dieu.

Ce double flux du désir qu'instaure l'incarnation du Christ[1] le distingue du sentiment religieux archaïque ou « naturel », qui n'organise que le mouvement de l'homme vers Dieu, qu'on peut aussi nommer « besoin de Dieu ».

Le christianisme ne gère pas le « besoin de Dieu », il met en présence les désirs. Et de plus, il affirme que c'est le désir de Dieu qui précède celui de l'humanité. Fabuleuse nouveauté !

Car dès l'instant où c'est Dieu qui vient au-devant de l'homme pour lui révéler qu'il est « fait pour Dieu », la

---

1. Le judaïsme ancien avait déjà révélé que Dieu descend des cieux pour appeler l'homme, et que ce dernier accomplit sa vocation en cherchant Dieu.

vie spirituelle n'est plus l'affaire de quelques reclus perchés en haut d'une colonne, de quelques athlètes, champions rompus à toutes les disciplines de la prière et de l'ascèse. Elle est le droit commun de l'être humain, sa grammaire élémentaire.

Cette attitude de Dieu a des conséquences considérables sur la nature même du christianisme. Il s'agit de bien plus que de promouvoir une morale particulière, et certes exigeante, qui ferait du christianisme une « contre-culture », une sorte de « poil à gratter » pour nos sociétés trop « matérialistes ».

Le cœur actif du christianisme est à la fois au-delà et ailleurs. Il est une subversion radicale car il ouvre une spiritualité sans secret, sans l'opacité de rites obscurs, sans initiation occulte, sans marchandages ni petits sacrifices consentis pour se concilier les bonnes grâces divines. Spiritualité pour tous, sans exclusive, car installée au cœur même du mystère de l'homme. Rééchoutons la belle prière de saint Augustin : « *Tu nous as faits pour toi Seigneur, et notre cœur est sans repos tant qu'il ne demeure en toi.* »

Et pourtant, cette aventure ouverte à tous sans condition n'est pas anodine, car Dieu ne se possède pas.

Il offre à la fois sa présence et son inaccessibilité, il est le Tout Autre, celui vers lequel on tend, mais qui, d'une certaine façon, manquera toujours. Vérité particulièrement contrariante, en ces temps de repli, pour ceux qui veulent entreprendre une reconquête chrétienne en mettant la main sur Dieu !

C'est cette tension que l'Église de demain doit tenir : Dieu s'offre totalement mais interdit toute main-mise.

Pour l'avenir, ce n'est pas la question des valeurs qui est centrale, mais la question de la spiritualité. Les fameuses valeurs chrétiennes ne sont que les conséquences de la rencontre et de la relation avec Dieu. Pour demeurer vivantes et humaines, ces valeurs n'ont pas besoin d'un code de loi ni de gardiens ou de milice, elles ont besoin d'être fondées « en esprit ».

Il est urgent de se doter d'une spiritualité renouvelée pour dégager ce désir de Dieu de ses scories (en particulier le besoin de possession), d'aplanir le chemin du Seigneur, comme le répétait Jean le Baptiste, et de se réjouir des noces de l'humanité avec Dieu.

Notre avenir de chrétiens, nous le trouvons et le retrouvons dans le « oui » de Marie à l'ange et dans le tressaillement de joie qui parcourt Élisabeth la stérile, à la Visitation, parce qu'elle a reconnu le Sauveur, celé dans le sein de Marie. Comme elles prophétisent, ces deux femmes, fraternelles comme deux sœurs, comme elles sont fragiles, et surtout pleines d'élan vers l'avenir ! Et que partagent-elles, sinon le bien le plus précieux et le plus menacé de notre société : l'espérance.

La parole chrétienne aura du prix si elle sait espérer et partager son espérance avec le monde, dans le Seigneur qui accompagne l'histoire humaine. C'est la chronique de la Visitation de Dieu que notre Église doit pouvoir aider les hommes et les femmes à écrire.

Christine

Je ne veux surtout rien retirer à la réponse d'Anne, à laquelle je souscris pleinement et dans ses moindres détails. Mais je souhaite ajouter une chose qui au bout de ce petit livre me paraît très importante et dont nous n'avons pas dit grand-chose, sinon de façon incidente.

Je veux parler de la question du mal. C'est, me semble-t-il, celle qui nous est toujours la plus difficile à « avaler ». C'est sur ce versant du mal que l'incarnation du Christ atteint quelque chose d'indépassable : non seulement le Verbe se fait chair, non seulement il assume toute la condition humaine, mais lui, tout Dieu qu'il est, lui, sans péché, prend sur lui le mal, au point d'en mourir. Saint Paul ne se trompe pas en disant que la croix du Christ est un scandale pour les Juifs, une folie pour les païens[1].

Le christianisme affronte sans fard la question du mal, et il ne lui cherche pas d'explication de type philosophique. Il fournit comme unique réponse le Christ sur la croix.

Difficile, d'accepter cette réponse-là, d'une violence si terrible. Il faut sans doute toute une vie pour y consentir. On cherche à toute force des coupables, mais il n'y a que des victimes. Il y a d'abord une victime, innocente : le Christ. Mais, renversement inouï! À travers lui, ce n'est pas notre péché qui est pointé mais notre innocence, parce qu'à cause de la mort du Christ, nous sommes tous devenus innocents, nous ne méritons plus la mort, mais la vie.

Le christianisme ne dissimule pas le mal, au contraire il l'expose. Que ceux qui en nous lisant ont pensé que nous étions des rêveuses utopistes parce que nous parlons d'avenir, de fraternité, de dialogue se rassurent, nous

---

1. « *Nous proclamons, nous, un Christ crucifié, scandale pour les Juifs et folie pour les païens* » (Première Épître aux Corinthiens 1, 23).

n'ignorons pas le déploiement du mal, nous ne négligeons pas la capacité des êtres humains à se haïr « à mort » les uns les autres.

Cela, aucun humanisme ne peut en rendre compte. Le Christ le fait, il n'explique pas le mal, il l'affronte dans sa chair, pendu au bois de la croix. Il l'affronte en éprouvant la trahison, le reniement, l'abandon des siens, et même l'abandon de Dieu. Il entre en pleine solidarité avec tous les trahis et tous les abandonnés, et aussi avec tous les traîtres, tous les lâches et tous les renégats.

Je crois que c'est ce mystère du mal assumé par le Christ qui rend le christianisme unique et irremplaçable.

C'est à cause de ce que nous comprenons de ce mystère que nous sommes capables de faire confiance à l'humanité, de nous faire confiance, parce que Dieu le premier nous fait confiance.

10

Frères, que devons-nous faire [1] ?

OUI, nous le croyons, nous l'affirmons, et nous voulons y œuvrer, le christianisme a un avenir, et il a un avenir dans le cadre particulier de la catholicité.

Cette affirmation puissante, ardente, nous pouvons la tenir à cause de tous les hommes et de toutes les femmes qui partout dans l'Église travaillent tous les jours avec générosité et abnégation. Ils sont la véritable richesse de l'Église. Oui, vous, lecteur et lectrice qui avez saisi ce livre parce que l'avenir de votre Église vous tient à cœur, vous êtes le trésor de l'Église. Vous n'êtes pas un trésor caché, mais un trésor ignoré. Ignoré parce qu'on ne vous regarde pas, parce que VOUS ne vous regardez pas.

Nous voulons vous montrer votre visage, vous montrer l'immense ressource que vous êtes pour que l'Évangile soit annoncé, manifesté. Oui, vous êtes la moisson abondante, les fruits généreux de l'Église. Le concile n'a pas produit des fruits secs et amers, il vous a produits, vous, la foule innombrable des baptisés, passionnés par l'Évangile,

_____
1. Actes des Apôtres 2, 37.

dévoués dans tant de services d'Église, de mouvements, d'associations, affamés de justice, assoiffés de Dieu.

Inventaire de nos richesses

Nous rendons grâce à cause de vous, nous rendons grâce à l'Esprit qui a ouvert nos yeux et qui nous a permis de vous reconnaître, vous le Corps vivant du Christ.

Oui, nous, Corps vivant du Christ, sommes riches, prodigieusement riches. Cessons de remâcher les manques, les pertes. Certes, il n'y a plus un brave curé dans chaque village, mais dans chaque village, dans chaque quartier, il y a une ou plusieurs familles de chrétiens, des chrétiens qui ne sont plus les « consommateurs de culte » d'autrefois, mais des baptisés conscients, informés, lecteurs de la Bible, de revues ou d'ouvrages chrétiens, et très souvent déjà engagés dans le service de l'Église. Ces milliers de gens ne peuvent pas être comptés pour rien au prétexte qu'on ne trouve pas de jeunes hommes disposés à demeurer célibataires, à mener une vie de séparés, loin des joies et des peines humaines, liés par l'obéissance à une autorité lointaine.

Même si nous nous sommes montrées lucides et critiques, nous ne sommes pas du tout désespérées parce que vous êtes là, parce que l'Évangile est là, parce que l'engagement de Dieu est indéfectible, parce que le Christ nous appelle, parce que l'Esprit Saint est à l'œuvre en ce temps.

Si comme nous, vous considérez l'Église catholique comme votre maison, votre bien, votre héritage, si vous partagez comme nous la passion de l'Évangile, si vous avez donné votre confiance au Christ, si vous voulez que d'autres après vous reçoivent les promesses de Dieu, alors, il est de votre, de notre responsabilité de faire circuler la vie dans l'Église.

Nous avons tracé des perspectives d'avenir, aussi bien à travers les « ministères » de la CCBF – écoute, bénédiction, espérance – qu'à travers nos propositions pour l'Église, fraternité, pauvreté, dépossession, nomadisme, prophétisme, dialogue. Ce sont des choix « de principe », des plants à faire fructifier. Il faut maintenant, pour entrer dans cette conversion radicale, nous mettre en action.

La liberté des enfants de Dieu!

Les laïcs fidèles du Christ sont en fait beaucoup plus libres qu'ils ne le croient. Le Vatican gouverne les clercs, édicte la « discipline des sacrements » et les dogmes. Les baptisés ordinaires, « non clercs », ne prêtent pas de serment particulier d'obéissance, comme les théologiens ou les évêques ou même les prêtres et les diacres. Ils ne font pas de « carrière » dans l'Église, ils ne peuvent donc être ni « sacqués » ni crossés. Ils peuvent publier sans imprimatur. Quant à l'excommunication, les risques sont assez limités si l'on évite de participer… à l'ordination d'une femme.

Il faut certes « professer la foi catholique », mais personne n'est tenu de répéter le *Catéchisme* par cœur comme un perroquet. Nous, les laïcs fidèles du Christ, ne sommes pas des « enseignants » mais des témoins. Nos espaces de liberté, de créativité sont donc beaucoup plus vastes que nous ne l'imaginons.

Que faire ?

La présence de chrétiens est très significative dans les domaines caritatifs : accueil des émigrés, soutien des populations atteintes par la grande pauvreté, etc. Mais il y a de vastes champs en jachère. Le domaine culturel par exemple est presque complètement abandonné. L'Église qui a été à la pointe de l'art vivant pendant des siècles est devenue gardienne de musée.

Il y a trop peu de « lieux d'écoute » chrétiens, et pourtant, la demande spirituelle, en particulier la demande d'aide et d'accompagnement, n'a jamais été aussi forte. Dans les grandes villes, les églises sont ouvertes et il est possible d'y trouver un accueil, mais dans bien des endroits, bonne chance à celui qui trouvera un lieu et un moment pour parler avec un chrétien.

Le sport est un autre « désert » chrétien. Les anciens patronages avaient de fières équipes de foot, et la grande équipe d'Auxerre, qui joue en Ligue 1, est née de l'un d'eux.

Nous nous souvenons aussi que l'initiative des laïcs fidèles du Christ a très souvent apporté à l'Église son sang neuf. François est un jeune homme d'Assise, simple baptisé quand il se laisse emporter par l'exigence de la pauvreté du Christ. Il ne sera jamais prêtre. Ignace ne l'est pas davantage quand il « invente » les Jésuites. Pauline Jaricot est une riche jeune fille lyonnaise quand elle imagine ce qui devint les Œuvres pontificales missionnaires et Frédéric Ozanam un jeune père de famille. Les exemples sont abondants, même si la cohorte de saints officiels est massivement constituée de prêtres, religieux et religieuses[1]. C'est l'ardeur de ses enfants qui a donné au long des siècles sa vitalité à l'Église.

Aujourd'hui, ne nous demandons pas ce que l'Église devrait faire mais ce que NOUS, nous allons faire.

Ouvrons les yeux, méditons : « *qui est mon prochain* » ? Où est-il ?

100 idées à mettre en actes

À l'image de notre Créateur, soyons créatifs ! Ouvrons grandes les portes à l'Esprit Saint. Que l'imagination prenne le pouvoir.

Mettons-nous en marche, en responsabilité, à l'échelle d'intervention qui est la nôtre, au nom du principe de subsidiarité, un trésor de la doctrine sociale de l'Église, beaucoup cité et jamais appliqué[2] !

Afin que les idées que vous allez avoir, ou que vous avez déjà, puissent être immédiatement suivies d'effet, nous vous demandons d'accepter de vous situer dans les règles actuelles de l'Église catholique : discipline du célibat masculin pour les prêtres, non-admission des divorcés remariés à la communion eucharistique, gouvernement central du Vatican...

---

1. Encore une preuve, s'il en fallait une, de « l'endogamie » cléricale qui ne reconnaît que ceux qui lui renvoient son image. Même la sainteté (officielle) ressemble à une entreprise de clonage.

2. Présent chez Thomas d'Aquin, Léon XIII, le Code de droit canon. Il stipule qu'il est contraire à l'amour du frère que de le priver d'une responsabilité qu'il peut exercer pour la confier à un échelon hiérarchique plus élevé.

Règles que nous acceptons, non parce que nous les approuvons, mais parce qu'il est beaucoup plus urgent de retrouver du dynamisme et d'agir, que d'user nos forces à réclamer des réformes à une administration sourde.

À vous, une fois ce livre refermé, de proposer des idées. De façon concrète, vous disposerez de pages Internet sur lesquelles vous pourrez exposer vos projets, d'une adresse électronique et d'une adresse postale où nous adresser du courrier classique.

Toutes les indications seront données à la fin de ce paragraphe ainsi qu'au début et à la fin de ce livre.

Nous publierons sur Internet toutes vos propositions. Vous pourrez ainsi approuver les idées qui vous semblent les plus intéressantes, les préciser, les amender.

L'objectif est de récolter une centaine d'idées, au moins!

Et si vous voulez participer à un projet proposé par quelqu'un, nous vous mettrons en contact.

Allez, laissons-nous aller à rêver, qui sait où l'Esprit Saint peut nous conduire en songe?

« Après cela
je répandrai mon Esprit sur toute chair.
Vos fils et vos filles prophétiseront,
vos anciens auront des songes,
vos jeunes gens, des visions.
Même sur les esclaves, hommes et femmes,
en ces jours-là, je répandrai mon Esprit[1]*. »*

---

1. Joël 3, 1-2, repris par Pierre au matin de la Pentecôte dans les Actes des Apôtres 2, 17-18.

Eh bien, nous avons des songes et des visions, nous voyons grand, généreux, joyeux, nous croyons à l'impossible parce que c'est Dieu qui est à la manœuvre, Dieu et vous !

Et vous, Anne, Christine, que proposez-vous ?

Puisqu'il faut bien commencer, nous avons sélectionné quelques idées. Certaines sont un peu excentriques ou loufoques, d'autres beaucoup plus sérieuses. Vous les trouverez en annexe de cet ouvrage (p. 247). Elles sont là pour vous mettre en appétit, pour « titiller nos neurones ». Mais ne vous laissez pas encombrer par elles. Ce ne sont que des exemples. Ayez de bien meilleures idées que nous, nous n'espérons que cela et notre Église en a besoin.

Et maintenant, à vous !

Oui, à vous. Racontez, rêvez, n'hésitez pas. Il y a des gens qui sont imaginatifs, et d'autres qui ont le sens pratique, qui savent mettre les choses en actes, qui pensent aux détails, qui savent aplanir les difficultés et trouver des solutions quand on se croit dans une impasse, et souvenez-vous, nous sommes un grand peuple, nous sommes pleins de ressources. Parmi nous, il y a des musiciens, des médecins, des écrivains, des juristes, des théologiens, des charpentiers, des informaticiens, des boulangers, des artistes, des fleuristes, des éleveurs de chevaux, des conducteurs de bus, des infirmiers, des comptables, des journalistes, des danseurs… hommes et femmes! Et pensez aussi à tous les gens qui croient qu'ils n'ont pas de compétences utiles parce qu'ils « n'y connaissent rien ». Et Pierre, et Jacques, et Jean, et Matthieu, et Thomas, et Marie Madeleine, et Salomé, vous croyez qu'ils « y » connaissaient quelque chose ?

Alors, allez-y, c'est à vous!

Vous pouvez nous écrire sur :
www.baptises.fr/100idees/

Ou par mail sur :
centidees.avenir@gmail.com

Ou par courrier à :
Centidées
Presses de la Renaissance
76, rue Bonaparte
75284 Paris cedex 06

Écoutons !

Avant de nous séparer, écoutons !
Écoutons le puissant souffle du prophète Isaïe.
Quelle verve [1], quelle vision !
Écoutons, c'est la promesse de Dieu qui passe…

Autant les cieux sont élevés au-dessus de la terre,
autant sont élevées mes voies au-dessus de vos voies,
et mes pensées au-dessus de vos pensées.
De même que la pluie et la neige descendent des cieux
et n'y retournent pas sans avoir arrosé la terre,
sans l'avoir fécondée et l'avoir fait germer
pour fournir la semence au semeur et le pain à manger,
ainsi en est-il de la parole qui sort de ma bouche,
elle ne revient pas vers moi sans effet,
sans avoir accompli ce que j'ai voulu
et réalisé l'objet de sa mission.
Oui, vous partirez dans la joie et vous serez ramenés
dans la paix.
Les montagnes et les collines pousseront devant vous
des cris de joie,
et tous les arbres de la campagne battront des mains.
Au lieu de l'épine croîtra le cyprès,
au lieu de l'ortie croîtra le myrte,
ce sera pour Yahvé un renom,
un signe éternel qui ne périra pas.
(Isaïe 55, 9-13)

---

1. En son sens premier « Parole de Dieu », inspiration.

Remerciements

Pour leur patience et leur bienveillance, que soient d'abord remerciés nos maris Philippe et Claude, et nos proches, en particulier Henri et Boris.

Que soient remerciés aussi les ouvriers et ouvrières de la première heure, les 15 signataires de la plainte, les 23 du Cassette et les 2 retardataires, puis tous ceux et celles qui, arrivés depuis, nous accompagnent, nous soutiennent, nous conseillent, y compris ceux de la onzième heure, qui sont si précieux quand on perd un peu le souffle.

André, Anne, Annick, Benoît, Brigitte, Danièle, Elisabeth, Estelle, Évelyne, Florence, Françoise, Gilles, Gonzague, Guy, Hélène, Henri-Pierre, Hervé, Isabelle, Jeannette, Jean-Claude, Jean-François, Jean-Louis, Jean-Marc, Jean-Paul, Marie-Thérèse et ses sœurs du Carmel, Mathilde, Michèle, Monique, Nicolas, Nicole, Pierre, Robert, Véronick, Xavier, Yvonne.

Oui, nous rendons grâce à Dieu à cause de vous!

Annexes

**Appel du 11 octobre 2009 prononcé par Christine Pedotti
aux Arènes de Lutèce :**

Nous, femmes et hommes, catholiques, baptisés et confirmés, croyons que Dieu nous a confié en son Fils Jésus-Christ une nouvelle de joie, de paix et de salut pour tous les hommes et toutes les femmes de la Terre, de tous pays, de toutes cultures, de tous temps. Nous constatons avec tristesse que trop nombreux sont les hommes et les femmes, nos contemporains, qui n'ont pas accès à cette bonne nouvelle.

Nous refusons de croire que cette situation serait exclusivement imputable à ceux qui n'entendent pas cette nouvelle et dont le cœur serait égaré par le péché, obscurci par le matérialisme et dépravé par l'immoralité.

Quand la voix de Dieu devient inaudible, c'est notre responsabilité, celle de chaque baptisé, celle de l'Église du Christ, qui est engagée. C'est pourquoi il est de notre devoir, alors que le monde et l'humanité ont plus que jamais besoin d'une parole d'espérance, de mettre en œuvre tous les moyens à notre disposition afin que cette voix puisse être entendue.

Nous voyons autour de nous trop de gens rongés par la peur et la dépression, convaincus intimement – même s'ils n'osent pas le dire – que le christianisme (le catholicisme) en est à la dernière phase de l'agonie. Nous voyons aussi ceux qui rêvent d'un avenir qui ressemblerait au passé et qui, au-delà d'une nostalgie passéiste, espèrent une « restauration » politique et sociale. Nous entendons également ceux qui nous disent que nous n'aimons pas l'Église et nous intiment de la quitter, alors que nous la voulons simplement plus fidèle à sa mission. Mais nous voyons surtout, et c'est cela qui nous fait bouger aujourd'hui, toutes celles et tous ceux qui, le plus souvent sur la pointe des pieds, usés, lassés, désabusés, écœurés, partent.

Nous, femmes et hommes, disciples du Christ, en fidélité à l'Évangile, considérons que le moment est venu de prendre nos responsabilités, non pour nous opposer ou revendiquer vis-à-vis de l'institution ecclésiale, mais pour que la mission que Dieu a confiée à son Église soit pleinement remplie.

Aujourd'hui, nous nous mettons en marche, avec de petits moyens, mais avec détermination et sans crainte. À tous, nous disons que nous regardons l'avenir et que nous le préparons, dans l'Église. Nous reconnaissons l'Église comme la maison de notre passé et de nos racines, et comme celle de notre avenir et de notre espérance ; notre maison de famille. Et c'est pourquoi nous l'aimons.

À cause de cet amour nous ne pouvons ni partir, ni nous taire.

Nous savons que l'Église n'a pas à être « de son temps » – au sens où elle se plierait sottement à toutes les modes –, mais elle a à être « pour ce temps ». Aussi, nous disons que l'égalité des droits et l'égale compétence des hommes et des femmes en matière de réflexion, de responsabilité et de capacité de décider, d'organiser et de gouverner, n'est pas une « mode » : c'est une avancée de l'humanité.

Nous disons que la capacité de tous, prêtres ou laïcs fidèles du Christ, hommes ou femmes, à prendre la parole, à peser et discuter une décision, à débattre n'est pas le sous-produit regrettable du relativisme, mais le signe que l'Église devient un peu plus mûre, un peu plus adulte.

Nous disons que l'Église – notre Église –, au nom du Dieu trinitaire qu'elle annonce, a besoin de parole, de débat. Elle est un corps qui a besoin que la vie circule. Elle a besoin que la vie et la joie promises par son Seigneur, Jésus le Christ, circulent parmi ses membres, afin qu'elle soit un vivant témoin de l'Espérance qui la porte.

C'est ce témoignage qu'en ces temps de grisaille, de doute et de peur nous voulons donner, c'est le combat que nous voulons mener, c'est pourquoi nous nous levons, nous nous parlons et nous marchons ensemble…

Et nous ne sommes pas près de nous rasseoir !

Discours de création de la CCBF prononcé par Anne Soupa place Saint-Sulpice à Paris, le 11 octobre 2009 :

Aujourd'hui, en ce lieu, maintenant, je rends grâce à cause de vous qui êtes venus, poussés par votre conscience, vous qui avez marché jusqu'ici, où nous sommes ensemble.

Notre diversité est évidente. Nous ne sommes pas « que des femmes », ou « que des laïcs ». Parmi nous, il y a des prêtres, des religieux, des religieuses, des diacres, des gens de tous âges, des Parisiens, des Bordelais, des Dijonnais, des Lyonnais, des Nantais, des Strasbourgeois, des Vendéens… Et plus largement encore, dans différentes villes de France, des groupes se sont rassemblés aujourd'hui, en communion avec nous.

Je rends grâce pour ces échanges qui ont ponctué notre marche. Il est trop tôt pour en connaître l'ensemble. Mais il nous est impossible désormais d'en rester à la question particulière portée au début par le Comité de la jupe, celle de la dignité des femmes. Notre cause, maintenant, est plus vaste : l'horizon s'élargit. Qu'avons-nous en commun ? Notre baptême! Et à cause de ce baptême qui nous a donné l'Esprit, nous croyons en la force de la parole et nous n'avons pas peur.

Un sentiment profond me pousse à rendre grâce pour notre Église qui nous a transmis le trésor de l'Évangile, ce trésor que nous devons, à notre tour, annoncer.

Mes ami-e-s, il est temps! Oui mes ami-e-s, il est temps de rendre compte de l'espérance qui est en nous.

Espérance ténue… mais déjà violente… Oui, violence d'une espérance qui nous pousse à prendre nos responsabilités.

On nous dit : vous voulez le pouvoir. Eh bien oui, nous voulons pouvoir prendre nos responsabilités.

Nous l'affirmons ici : le pouvoir est une responsabilité et la responsabilité est un pouvoir. Alors à ceux qui nous disent : « Vous prenez le pouvoir! »… Nous répondons : « Nous prenons nos responsabilités! »

Quelles responsabilités? En France, les laïcs, mais aussi les prêtres et les diacres, disons « les baptisés », n'ont aucun lieu pour débattre tous ensemble, aucune instance où décider de l'avenir de leur Église et de ses missions.

Pour savoir ce qu'ils pensent, n'y aurait-il que le sondage?

Est-il décent d'enfermer dans les cages des statistiques la voix des ces baptisés qui portent le nom incomparable de « fidèles du Christ »? Non, il y a là quelque chose de dérisoire!

C'est pourquoi… Oui c'est pourquoi nous créons ici, devant vous, avec vous, pour nous tous, la Conférence des baptisés de France, notre maison de parole, notre assemblée commune.

Laïcs fidèles du Christ, prêtres, diacres, religieux et religieuses, évêques et cardinaux y sont conviés, je dirais même plus, ils y sont… convoqués.

Désormais, nous tous, nous sommes la Conférence des Baptisés de France.

Notre projet est ambitieux, mais nous nous confions au Christ, que nous voulons servir. Nous lui offrons toutes nos forces, toute notre patience, tout notre enthousiasme. Que Dieu veuille que cette œuvre soit vraiment, pour nos frères et pour nos sœurs, source de liberté et de richesse.

Mais que sera la Conférence des Baptisés de France ?

Elle sera à l'image de l'ensemble des catholiques qui veulent une Église vivante.

Le premier chantier que nous ouvrons est celui de la représentativité. Et donc nous lançons un appel à ceux qui le souhaitent pour qu'ils nous rejoignent dans une instance constituante. Pour ce faire nous réunirons dès que possible des États-Généraux.

La Conférence des Baptisés de France qui naît aujourd'hui a trois fondements : d'abord un attachement indéfectible à nos sources, la Bible et la grande Tradition catholique. Ensuite, le respect fidèle de la lettre et de l'esprit de Vatican II – qui s'est ouvert il y a 47 ans jour pour jour. Enfin, bien évidemment, la stricte parité entre les hommes et les femmes.

La Conférence des Baptisés de France aura besoin de moyens. Car, même si nous sommes pleins d'ardeur, il nous faudra des bonnes volontés, un minimum de ressources, beaucoup de discernement et beaucoup, beaucoup de créativité… Elle aura besoin de vous et de beaucoup d'autres…

La Conférence des Baptisés de France se donne pour commencer trois missions, qui sont trois véritables ministères : les ministères de l'Écoute, de la Bénédiction, de l'Espérance.

Un ministère de l'Écoute :

Si nous voulons encourager la liberté de la parole pour les catholiques, nous voulons aussi écouter les souffrances, les joies et les aspirations profondes des hommes et des femmes de ce temps. Il importe que l'Évangile leur soit annoncé, vraiment, au cœur de leur vie.

Un ministère de la Bénédiction :

Nous voulons sans nous lasser reconnaître ce qui se fait de bon et de beau dans le monde, les actes d'amour, de générosité, de compassion, de pardon et de partage. Tout simplement voir Dieu à l'œuvre… Et le louer !

Un ministère de l'Espérance :

Nous croyons que l'être humain aspire profondément à rencontrer Dieu, et que Dieu lui offre la vie en abondance. Nous devons annoncer cette sollicitude de Dieu envers chacun et chacune, et pour l'humanité tout entière.

Ce soir, ce 11 octobre 2009, en cette place Saint-Sulpice de Paris, d'où partit au XVIIe siècle un nouvel élan missionnaire, tous ensemble, nous sommes la première expression de la Conférence des Baptisés de France. Désormais, vous en êtes les ambassadeurs ! Portez l'appel ! Portez-le à tous et à toutes – ils sont nombreux ceux qui vous attendent, dans les paroisses, dans les mouvements, dans les services, dans les communautés, dans vos familles.

Vous êtes venus dans la confiance, repartez dans l'espérance.

Et que Dieu, dans sa bienveillance, nous accompagne et nous bénisse !

Charte de la CCBF

« Ni partir ni nous taire. »

Les fondements :

LA CCBF est fondée sur la dignité propre des baptisés.

Au titre de cette dignité, les catholiques baptisés, confirmés, sont des membres adultes et responsables de l'Église catholique.

Être baptisé, ce n'est pas avoir une identité passive (appartenir à) mais répondre à une vocation propre (annoncer).

La mission de l'Église, confiée par le Christ lui-même, est d'annoncer la Bonne Nouvelle du Salut. Elle repose sur les baptisés.

La CCBF est catholique (Conférence catholique des baptisé-e-s de France) dans la mesure où la réalité qui est lé^a nôtre est d'abord celle de l'ecclésiologie catholique. Nous affirmons avec force notre grand désir de communion avec nos frères et sœurs des autres Églises chrétiennes.

Les objectifs :
Le premier objectif de la CCBF est de susciter la conscience de chaque baptisé afin de le rendre acteur, acteur de la vie de l'Église, de sa mission et de son avenir.
Acteur de la vie de l'Église par le ministère de l'écoute :
La CCBF veut contribuer à faire de l'Église un lieu de parole et d'écoute. Pour s'entendre, il faut se parler. Pour parler au monde, il faut l'écouter.
Acteur de la mission de l'Église par le ministère de la bénédiction :
L'attitude de bénédiction est faite de bienveillance, de sollicitude et d'empathie avec la vie des hommes et des femmes qui nous entourent.
Acteur de l'avenir de l'Église par le ministère de l'espérance :
Entrer dans l'espérance, c'est rendre à l'Église la foi en son avenir et rappeler à notre monde qu'il est aimé de Dieu.

Les moyens :
Entre l'action et la réflexion, nous nous situons comme producteurs de sens.
Il s'agit de donner à voir et à penser par l'usage de l'événement, du signe visible, de la parole créative. LA CCBF se rêve joyeuse, fraternelle, et fait droit à l'imagination contre la sclérose des mots et des attitudes.

Les engagements :
La conférence se situe résolument à l'intérieur de l'Église. Nous parlons du cœur de notre Église, non de ses marges, dans la fidélité à Vatican II.
La conférence ne se structure pas en instance revendicatrice sur les nombreux sujets en souffrance dans l'Église catholique

de France. Il ne s'agit pas pour nous de revendiquer mais d'agir.

Nous voulons exprimer une opinion constructive. Nous voulons promouvoir la dignité et la responsabilité des baptisés dans l'Église, et en particulier des femmes.

L'Église est notre maison. Nous y sommes acteurs au présent et bâtisseurs d'avenir.

Nous ne demandons rien mais nous espérons tout.

Fait à Paris le 2 février 2010, en la Fête de la Présentation au Temple.

Du Code de droit canonique

Canon 208 :
Entre tous les fidèles, du fait de leur régénération dans le Christ, il existe quant à la dignité et à l'activité une véritable égalité en vertu de laquelle tous coopèrent à l'édification du Corps du Christ, selon la condition et la fonction propres de chacun.

Canon 212 :
1. Les fidèles conscients de leur propre responsabilité sont tenus d'adhérer par obéissance chrétienne à ce que les Pasteurs sacrés comme représentants du Christ, déclarent en tant que maîtres de la foi ou décident en tant que chefs de l'Église.
2. Les fidèles ont la liberté de faire connaître aux pasteurs de l'Église leurs besoins surtout spirituels, ainsi que leurs souhaits.
3. Selon la science, la compétence et le prestige dont ils jouissent, ils ont le droit et même parfois le devoir de donner aux Pasteurs sacrés leur opinion sur ce qui touche le bien de l'Église et de la faire connaître aux autres fidèles, restant sauves

l'intégrité de la foi et des mœurs et la révérence due aux pasteurs, et en tenant compte de l'utilité commune et de la dignité des personnes.

Canon 221 :
1. Il appartient aux fidèles de revendiquer légitimement les droits dont ils jouissent dans l'Église et de les défendre devant le for ecclésiastique compétent, selon le droit.

Canon 223 :
1. Dans l'exercice de leurs droits, les fidèles, tant individuellement que groupés en associations, doivent tenir compte du bien commun de l'Eglise, ainsi que des droits des autres et des devoirs qu'ils ont envers eux.
2. En considération du bien commun, il revient à l'autorité ecclésiastique de régler l'exercice des droits propres aux fidèles.

Quelques propositions pour l'avenir, par Anne et Christine

Proposition 1 : trouver une ville où pourrait se tenir un concile (CP)

Il paraît que lors du concile de Vatican II entre 1962 et 1965, les 2500 évêques et les 500 conseillers ont eu bien du mal à tenir dans Saint-Pierre de Rome. Sans compter les accompagnateurs et la presse mondiale. Tous les hôtels de Rome étaient bondés ! Aujourd'hui, il faudrait accueillir 5 000 évêques, au moins 1 000 conseillers. Il y aurait aussi les observateurs des autres religions, forcément plus nombreux que lors du concile de Vatican II. Espérons qu'on n'oserait plus ne pas inviter de laïcs fidèles du Christ, ne fût-ce qu'en « observateurs » ou conseillers. Imaginez ne serait-ce qu'une parité, cela nous amène vite à 12 000 ou 15 000 personnes. Et la presse… Et les traducteurs, parce que déjà en 1962, il n'y avait pas beaucoup d'évêques qui parlaient latin couramment, alors aujourd'hui, ce serait totalement illusoire d'imposer des débats en latin. Il faudrait traduire les débats en une petite dizaine de langues, au minimum. Il n'y a pas au Vatican la possibilité de trouver des infrastructures suffisantes pour tout cela. Est-ce à dire que pour des raisons pratiques, on ne pourrait plus faire de concile ? Absurde.

Voilà notre proposition : faire une offre publique et recueillir les candidatures de villes qui souhaiteraient accueillir un grand concile œcuménique catholique. Il faudrait créer un comité conciliaire qui examinerait les différentes propositions. Il faudrait aussi négocier les droits télévisés. Les débats en séance plénière seraient bien sûr publics, les discussions des commissions, enregistrées pour la postérité. Et puis les grandes célébrations, ainsi que l'ouverture et la fermeture du concile [1], donneraient lieu à une retransmission mondiale. N'oublions pas qu'il y a plus d'un milliard de catholiques dans le monde, ça fait quand même du public! Pour mieux correspondre à nos modes de vie, il faudrait limiter le concile à une session de 15 jours, comme les Jeux olympiques. Cela supposerait de le réunir de façon régulière, tous les dix ans par exemple [2].

Certes, nous n'avons aucune autorité pour convoquer un concile (depuis qu'il n'y a plus d'empereur, c'est une prérogative du pape). Mais nous pouvons proposer des candidatures de villes, afin au moins d'aplanir les difficultés pratiques. Et puis, un concile à Rio de Janeiro, à Yaoundé, à Yamoussoukro ou à Séoul, ça aurait une certaine allure, non ? Et quant à moi,

---

1. On pourrait par exemple créer un hymne pour encourager la création musicale contemporaine !

2. La décision d'un concile tous les dix ans a déjà été prise… par un concile, celui de Constance, par le décret *Frequens* du 9 octobre 1417. Il ne reste plus qu'à la mettre en œuvre.

je crois que ce serait bien plus que de la « com ». Et pour payer les frais de voyage des participants, je suis certaine qu'on trouverait facilement des sponsors publics ou privés. Moi, je suis prête à mettre la main à mon chéquier tout de suite.

Proposition 2 : établir des listes de Viri probati *(CP)*

Viri probati ? Quesaquo ? Oui, c'est du latin. C'est l'expression consacrée pour désigner les « hommes de confiance », probes et sages dont saint Paul fait admirablement le portrait dans la lettre à Tite et dans la lettre à Timothée. Dans les deux cas, il s'agit des critères sur lesquels choisir les presbytres et des épiscopes. À l'époque, les deux fonctions ne sont pas clairement distinctes ; le mot presbytre a donné en français prêtre et épiscope, évêque.

Voilà les conseils de Paul à Tite, il doit être *« irréprochable, mari d'une seule femme, avoir des enfants croyants, qui ne puissent être accusés d'inconduite et ne soient pas insoumis. L'épiscope, en effet, en sa qualité d'intendant de Dieu, doit être irréprochable : ni arrogant, ni coléreux, ni buveur, ni batailleur, ni avide de gains déshonnêtes, mais au contraire hospitalier, ami du bien, pondéré, juste, pieux, maître de soi, attaché à l'enseignement sûr, conforme à la doctrine ; ne doit-il pas être capable, à la fois, d'exhorter dans la saine doctrine et de confondre les contradicteurs ? ».* À Timothée, il fait le même portrait auquel il ajoute pour justifier ses critères : *« Car celui qui ne sait pas gouverner sa propre maison, comment pourrait-il prendre soin de l'Église de Dieu ? »* et aussi : *« Que ce ne soit pas un converti de fraîche date, de peur que, l'orgueil lui tournant la tête, il ne vienne à encourir la même condamnation que le diable. Il faut en outre que ceux du dehors rendent de lui un bon témoignage, de peur qu'il ne tombe dans l'opprobre et dans les filets du diable*[1]. »

Résumons le « profil de poste » :
Cherche homme, bon époux et bon père,
posé, sans problème d'alcool, non-violent,
ayant une bonne réputation professionnelle et personnelle,
bienveillant, ouvert, de bon sens, cherchant la paix,
juste et pieux, catholique de longue date,
respecté dans son quartier,
ayant une solide formation religieuse.

La traduction pour la liturgie choisit l'expression « chef de communauté » plutôt que presbytre ou épiscope.

Eh bien, justement, nos communautés ont besoin de quelqu'un qui les rassemble au nom du Christ, et des hommes ayant ce profil, il y en a dans toutes les paroisses, et souvent plus d'un !

Il est possible que nos évêques ne soient pas conscients de cette richesse. Ne prenons pas le risque qu'ils demeurent dans l'ignorance. Préparons des listes que nous leur remettrons. Il ne manque pas de bras, il suffit de les appeler, et au nom de la communauté, c'est de la responsabilité de l'évêque de le faire.

Vous me direz : « Mais n'auriez-vous pas derrière la tête l'idée de demander l'ordination pour ces hommes-là ? » Bon, j'avoue, pas derrière la tête, devant les yeux.

Mais souvenez-vous de la « règle » : nous ne proposons rien qui ne soit actuellement dans la discipline catholique. Si la discipline devait changer, cela ferait en effet de bonnes recrues mais en attendant, nos communautés ont un grand besoin. Si les prêtres, du fait de leur rareté, deviennent tout à fait nomades, et de surcroît, s'ils sont étrangers, sans lien avec les communautés, il faudra bien qu'il y ait des gens qui soient là

---

1. Épître à Tite 1, 5-9 ; Première Épître à Timothée 3, 1-7.

pour accueillir les demandes, rassembler la prière, organiser la lecture et la méditation de la Bible, écouter, conseiller. Bon alors, dans cet esprit, pourquoi ne pas faire aussi des listes de « *Mulieres probatae* », des femmes de confiance, probes et sages, qui feraient de bonnes responsables de communauté ?

Allez, je fais le pari qu'il est très facile de fournir 100 noms par diocèse ! Je suis sûre qu'on peut même trouver 100 noms d'hommes et 100 noms de femmes !

Proposition 3 : béatification de Françoise Dolto (AS)

Voilà une cause enthousiasmante ! Françoise Dolto (1908-1988), est l'une des figures marquantes de notre temps. Tous les parents, même s'ils ignorent ce qu'ils lui doivent, appliquent les préceptes de cette psychanalyste ardente et aux exceptionnelles qualités d'observation, qui s'est mise à l'écoute des tout-petits. Quand les parents quittent leur bébé, par exemple, ils savent que l'affaire passera mieux s'il a dans son berceau un objet porté par l'un des parents. Or, cela (et bien d'autres choses), c'est à Françoise Dolto qu'ils le doivent : un jour, elle a sauvé de la mort un nouveau-né qui refusait de téter parce qu'il avait été brutalement séparé de sa mère, en mettant auprès de lui un foulard imprégné de l'odeur maternelle.

Cette femme qui voulait être « médecin de l'éducation » était aussi une chrétienne convaincue. Les deux tomes de ses études de l'Évangile [1] ont nourri toute une génération de chrétiens et ont grandement enrichi la compréhension de l'Écriture. Voilà comment on est vraiment fidèle à la vraie Tradition chrétienne : en disant la foi de toujours avec les mots de son

1. *L'Évangile au risque de la psychanalyse*, avec Gérard Sévérin, Éditions du Seuil, 1980-1982.

temps. Françoise Dolto avait l'intelligence de sa foi, elle est pour moi aussi précieuse que beaucoup de Pères de l'Église. Elle a su témoigner du passage de Dieu dans sa vie, à la manière d'un saint Jean ou d'un saint Luc. À preuve cette inscription qu'elle a fait inscrire sur sa tombe, à Bourg-la-Reine : « N'ayez pas peur ! » Le souffle de l'Esprit ne se lève-t-il pas entre les tombes lorsqu'on lit pareil message ? Quelle espérance ! Sa passion du mystère humain, son aptitude à y voir la trace de l'Esprit de Dieu sont un magnifique hymne à l'Incarnation.

Aussi, Françoise Dolto mériterait bien la gratitude de son Église. Bien sûr, sa famille doit être entendue sur ce sujet, mais Françoise Dolto est un personnage suffisamment public pour que l'on puisse ajouter la reconnaissance de l'Église aux nombreux éloges biographiques qui circulent déjà sur elle.

Les procès de béatification sont des lourdes machines. Après un premier procès diocésain marqué par la « *postulatio* » qui recueille les témoignages de proximité, vient un second temps, appelé la « *positio* », qui enquête sur la capacité proprement dite à la sainteté et donne lieu à des conclusions, jusqu'à ce que la Congrégation pour la cause des saints statue sur la béatification elle-même.

Mais, las, las, candidats à la sainteté, sachez que si vous êtes simple laïc, sans l'appui d'un ordre religieux – qui, lui, peut libérer plusieurs de ses membres pour s'y atteler pendant une bonne dizaine d'années –, sans puissance financière, sans légion de séminaristes derrière vos épaules, votre cause risque, comme le grain qui tombe hors du champ, de connaître des lendemains incertains. Si de surcroît vous êtes une femme, ni vierge ni mère de saint, non, vraiment, désolée, vous êtes bien mal partie !

Cependant... Gardons confiance. À ceux qui entendront cet appel et sont prêts à constituer un comité de soutien à la cause de béatification, je livre l'atout décisif, celui qui pourrait

faire remonter de quelques années de purgatoire le cas Dolto :
c'est le fameux miracle. Chacun sait qu'il est indispensable
pour faire un saint.

Eh bien, pour Françoise Dolto, aucun problème : qu'on
aille consulter les archives de sa consultation, à l'hôpital
Trousseau, ou au centre Etienne Marcel, à Paris, le miracle
avait lieu tous les jours. Et sur France Inter, lors des émissions
« Lorsque l'enfant paraît », il était même en direct !

Proposition 4 : la Bible à la maison (CP)

Au long des siècles, nous avons pris l'habitude que l'Église
soit aussi l'église, et de vivre notre vie d'Église dans le bâti-
ment qui en porte le nom. Et nous réservons à l'intimité de la
chambre notre prière personnelle.

Il y a de nombreux siècles déjà que notre vieille Europe s'est
couverte de son « manteau d'églises » et que l'antique habitude de se réunir dans les maisons chrétiennes s'est perdue.
Alors, certes, il y a eu dans les années soixante-dix et encore un
peu dans les années quatre-vingt, des « messes à la maison ».
Entre *happy few*, intimes, chaleureuses, émouvantes et, sauf
exception, pas très missionnaires.

Et si les chrétiens refaisaient de leur maison un foyer chrétien, non pas au sens étroit d'une « famille chrétienne », mais
un point de lumière et de feu chrétien ?

Comment faire ?

Une idée simple : lire la Bible.

Il y a parmi nos contemporains une curiosité pour ce texte,
et une réticence à se jeter dans la lecture. À raison, la Bible,
c'est un peu comme le massif de l'Everest, il est déconseillé
de s'aventurer au hasard sans un guide expérimenté. Et nul ne
s'offre un « 8 000 » sans entraînement.

Mais il y a des textes bibliques qui se lisent vraiment « comme des histoires » ou qui saisissent par leur beauté et leur force, tout simplement.

Alors, la proposition est simple ; ouvrons notre porte et lisons la Bible à haute voix en invitant nos voisins, d'immeuble, de quartier, de village.

Attention, il ne s'agit pas de faire des « groupes bibliques », pas de commentaires savants, pas de bavardages inutiles. Une petite présentation pour dire ce qui va être lu, et puis le texte, pour lui-même, pour le plaisir de sa découverte, pour le plaisir de le lire, de l'entendre résonner, de se laisser traverser par les mots.

Comment faire ? D'abord, osez ! Par exemple, vous écrivez :

Bonjour, vous le savez peut-être, nous, la famille Dupuis, nous sommes des chrétiens catholiques. Nous aimons lire la Bible et nous aimerions partager sa lecture avec vous. Vendredi prochain, à 19 h 15, notre porte sera ouverte. Nous lirons l'épisode du livre de l'Exode où Dieu envoie Moïse chez le pharaon d'Égypte pour lui demander de libérer les Hébreux qui sont esclaves. La lecture durera entre 15 et 20 minutes Nous commencerons à l'heure exacte. Si vous avez le temps et le désir de vous attarder ensuite, nous ferons un peu connaissance. Si vous ne pouvez pas vous libérer vendredi prochain, rassurez-vous, nous renouvellerons cette proposition tous les premiers vendredis du mois. Et quelques jours avant, nous glisserons de nouveau un petit mot dans votre boîte.

Si nos petits mots vous importunent, nous sommes désolés, dites-le-nous très simplement et nous ne vous les distribuerons plus.

Bien amicalement, vos voisins les Dupuis.

Voilà, c'est tout simple ! Et très compliqué, parce que bien sûr, nous n'osons pas, nous avons peur de déranger, peur de passer pour des fous prosélytes. Peur de forcer la discrétion, les convenances…

Vous avez raison, ce n'est pas un pas facile à franchir. Il faut sans doute s'encourager entre chrétiens pour oser le faire. Mais pourquoi pas ?

Proposition 5 : une école de prédicateurs et prédicatrices laïcs (AS)

Dimanche prochain, c'est vous qui prêchez. Oui, vous ferez le sermon, ou l'homélie, bref, vous parlerez aux gens. Imaginez un instant que cela soit vrai.

Pour le moment, dans le cadre d'une célébration liturgique, c'est réservé à l'évêque, au prêtre et au diacre[1], mais rien n'empêche de s'y préparer pour l'avenir, et de se consacrer à des circonstances autres que la liturgie, comme le recommande d'ailleurs le code lui-même à tout fidèle du Christ[2]. Peut-être prêcherez-vous sur une radio chrétienne qui vous ouvrira ses ondes, ou par un billet écrit envoyé à votre communauté paroissiale dépourvue de prêtres.

Et peut-être même irez-vous proposer vos services au curé de la paroisse qui en sera bien content, car il a la liberté de vous donner la parole au moment de l'homélie, à condition – oh que ces subtilités sont charmantes ! – de changer le nom donné à votre intervention. Peut-être troquera-t-il alors le mot « sermon » ou « homélie » pour celui de « prédication » ou de « commentaire ou causerie sur l'Évangile », mais au fond, tous veulent dire la même chose : ce sont des « conversations ». Mais des conversations très particulières, car, selon le mot de saint Dominique, elles « ne parlent que de Dieu ou avec Dieu ».

Alors, que direz-vous à vos frères et à vos sœurs, pour commenter l'Évangile, le jour de Noël ou de Pâques, ou lorsque viendront en chaire ces grandes catéchèses que sont la Femme adultère, l'Aveugle-né ou la Samaritaine ? Que diriez-vous sur cette « eau vive » que Jésus demande à cette dernière

1. Art. 762, 764, 765, 767 du Code de droit canonique.
2. Art. 759, 766.

et à propos de laquelle ils « conversent » tous deux ? Vous ne vous en sentez pas capable ? Pas digne ? Je vous comprends : une demande de prédication se reçoit comme un coup de poing dans l'estomac. Oui, c'est une véritable convocation à « ceindre ses reins comme un brave », à se tenir debout au plus près de sa foi, à entrer en soi-même, à y chercher ses trésors et à les offrir – on dit « donner une prédication ». Mais offrir quoi ? On ne se raconte pas soi-même dans une homélie. Ce que l'on donne, c'est fou de le dire, mais c'est quelque chose que l'on ne connaît pas encore.

Et ne croyez pas que vous n'y arriverez pas. Moïse, déjà, avait fait le coup : *« Je ne sais pas parler… »* Ne croyez pas non plus que c'est affaire de science, sinon de cette science du cœur qui sait *« rire avec ceux qui rient, pleurer avec ceux qui pleurent, communier au banal de l'existence, chanter la grâce de vivre et hurler la douleur de la mort. Puis, doucement, appliquer l'onguent du pardon, répandre le baume de la fraternité, proposer l'élixir de la vie éternelle*[1] *».* Tel est le contrat du prédicateur. Alors, si vous êtes vivant et témoin de la visitation de Dieu, vous avez des choses à dire en prédication.

Les juifs considèrent que commenter l'Écriture, c'est faire l'inventaire des merveilles que Dieu fait, aujourd'hui même. Dieu n'a-t-il rien fait ces temps-ci pour vous, pour vos proches, pour le monde ? Souvenez-vous que tout jeune juif accède à l'âge adulte lors de sa bar-mitsva, en prononçant à haute voix un commentaire personnel de l'un des passages de l'Écriture. Et vous catholique, héritier de la tradition juive, vous ne le feriez pas, alors que, circonstance aggravante, vous en savez un peu plus sur la vie qu'un jeune homme de 13 ans ?

Les homélies actuelles ennuient prodigieusement. Au synode sur la parole de Dieu, à Rome, en 2008, les évêques et

---

1. Benoît Vandeputte, *Trésors de la prédication, d'Origène à Benoît XVI*, Bayard, 2008, p. 33.

cardinaux en ont discuté et conclu à quelques vœux, tous très pieux. Alors, pourquoi continuer à laisser les églises se vider? Considérez-vous simplement comme investi de la charge de prêcher. Il existe déjà en France une association qui assure une formation à l'homélie pour les prêtres. Et aux États-Unis, les frères prêcheurs dominicains ont créé un institut de la prédication qui ne désemplit pas. Pourquoi ne pas demander à nos frères prêcheurs dominicains qu'ils délivrent aussi leur savoir-faire à des laïcs?

Alors, en serez-vous? Êtes-vous de ceux qui rendent compte de l'espérance qui est en eux? Soyons donc simples et allons droit au but : la bonne prédication, c'est celle qui convertit le prédicateur lui-même. Qu'il fasse place en lui au Christ qui parlera par sa voix. Augustin dit avec une belle image : *« C'est au ciel qu'est la chaire de celui qui instruit les cœurs. »* Parler depuis le ciel : quelle audace! Il faut, pour l'oser, beaucoup d'humilité.

Oui, Dieu peut parler en vous, et si vous ne le saviez pas encore, maintenant vous le saurez, puisque je mets toute ma foi à vous le dire. Ayez donc assez de simplicité pour prendre votre tour de prédication, notre Église a besoin de vous, de la nouveauté inouïe de votre parole. Et si vous voulez bénéficier d'un petit sursis pour bien vous préparer, quelqu'un prendra votre place jusqu'au dimanche suivant. Dites-nous juste le jour et le lieu. Nous viendrons vous écouter.

Proposition 6 : « Fidèles », oui, mais de qui ? (AS)

S'il est un mot qui revient souvent dans le vocabulaire ecclésial, c'est bien celui de « fidèles ». Le mot est utilisé le plus souvent pour désigner les « participants » de l'Église, un peu à la manière des adhérents d'une association.

Il faudrait cependant bien voir à qui cette fidélité est destinée. Elle ne va pas à l'Église, comme le sens commun le pense, mais au Christ, et ce depuis toujours, puisque déjà Paul, dans sa lettre aux Colossiens, s'adresse « *aux saints de Colosses, frères fidèles dans le Christ*[1] ». Tout fidèle, laïc, clerc ou religieux, porte donc, au titre de son baptême, le nom de « fidèle du Christ ». La différence, en certaines circonstances, est de taille : avec tout le respect que nous devons à notre curé, nous ne sommes pas ses fidèles !

Or cette appellation complète, si elle figure assez souvent dans les documents officiels de l'Église, a tendance, dans l'usage courant, à tomber.

Ainsi, Jean-Paul II a écrit en 1988 une importante exhortation apostolique sur le sujet, *Christifideles Laici*, en français : *Les fidèles du Christ laïcs*[2].

Mais connaissez-vous beaucoup de prêtres qui commencent ainsi leur homélie : « Mes bien chers fidèles du Christ » ?

Nous demandons que les évêques, curés de paroisse, journalistes et chroniqueurs religieux, maires, députés et ministres, architectes d'église, historiens, sociologues, écrivains, et même le Code de droit canonique dans le corps de ses articles, et de façon plus générale tous ceux qui prennent publiquement la parole, accordent aux baptisés leur titre exact et complet en toute circonstance, en ne disant plus « fidèles » mais « fidèles du Christ », et s'il parlent des laïcs, « laïcs, fidèles du Christ ». Et pour commencer, faisons spontanément la correction, chaque fois que nous en avons l'occasion.

---

1. Épître aux Colossiens 1, 2.
2. Curieusement, le mot « Christ » ne figure que dans le titre : au fil du texte il n'est plus question que des « fidèles laïcs », et la traduction officielle en français ne reprend que ce dernier titre...

Proposition 7 : les confréries de Béthanie (CP)

Il est un sujet sur lequel je ne donne pas totalement tort à nos amis traditionalistes : dans la plupart des paroisses, la liturgie est la parente pauvre. À l'issue du concile, on a, à peu de frais (parce qu'on n'avait pas les moyens ou qu'on n'a pas su se les donner), modifié l'organisation du chœur, et dans beaucoup d'endroits, c'est resté en l'état depuis quarante ans. Dans les séminaires et les facultés de théologie, la liturgie est à la portion congrue. On enseigne la théologie des sacrements, mais on délaisse le côté pratique que sont l'organisation et les usages liturgiques. C'est un peu comme si les grands chefs cuisiniers ne s'occupaient que d'expliquer les recettes sans se préoccuper ni de la vie de la cuisine ni de la table du restaurant.

Et pourtant, l'acte liturgique par lequel les sacrements sont célébrés et reçus est loin d'être un détail. La vieille maxime latine reste vraie, « *lex orandi, lex credendi* », c'est-à-dire, traduit en français courant : comme on prie on croit, et inversement.

Et pour dire mon sentiment, on le fait très maladroitement. On manque de culture, de savoir-faire, d'intelligence intérieure de ce qui est célébré.

Évidemment, je ne serai pas des vôtres si vous en concluez qu'il faut revenir à un ritualisme figé. Il ne s'agit pas de retourner à des pratiques anciennes auxquelles personne ne comprenait rien, pas même les prêtres qui dans la plupart des cas, se contentaient de faire le moins mal possible ce qu'ils avaient appris.

C'est exactement l'inverse. Il faut habiter la liturgie de telle sorte qu'elle soit tout simplement au service de ce qu'elle célèbre, qu'elle devienne en quelque sorte transparente. En un mot, qu'elle dise ce qu'elle fait et fasse ce qu'elle dit.

Or pour obtenir un tel résultat, c'est un peu comme pour l'élégance, il faut beaucoup de travail et d'attention cachés.

Bref, tout cela n'est pas si facile à mettre en œuvre, mais c'est un travail formidable, un véritable service du Peuple de Dieu. Car souvenons-nous que la liturgie est pour le peuple, pas pour Dieu, qui n'en a que faire, qui sait très bien ce qui se passe dans un baptême ou une eucharistie et qui bien sûr n'est pas « tenu » par les gestes qu'on aurait faits ou pas, les paroles qu'on aurait prononcées ou pas.

Je rêve donc que cet immense service du Peuple de Dieu soit pris en charge par des gens qui en auraient le goût et qui accepteraient de se former.

Je voudrais créer une confrérie. Pas un ordre. Il n'y a nul besoin d'être prêtre, religieux ou religieuse pour avoir le goût de la liturgie, les laïcs fidèles du Christ peuvent être ou devenir parfaitement compétents. J'ai imaginé qu'elle s'appellerait « Confrérie de Béthanie » en mémoire de Marthe, Marie et Lazare et de leur maison de Béthanie dans laquelle le Seigneur aimait se reposer. Service de la présence du Seigneur, service de son peuple, activité à la fois de méditation et d'action, de détail et d'agitation, voilà en quelques mots les raisons qui me font choisir ce nom.

Cette confrérie fonctionnerait comme une ressource pour les paroisses. Elle pourrait envoyer, sur demande, des consultants qui aideraient la communauté à réviser ses usages liturgiques, ses espaces et temps de prière commune, l'aménagement du chœur principal, d'un oratoire. Ce statut de consultant est très important, car leurs conseils n'auraient rien de normatif. Ainsi, il n'y aurait pas de tentation de prendre le pouvoir et de s'imposer. Nous savons combien la tentation du pouvoir est grande et combien il est facile de devenir un petit ayatollah au nom d'une compétence.

Un des autres grands chantiers à ouvrir serait évidemment celui du chant liturgique. C'est une grande richesse que tous, petits et grands, joignent leur voix dans le chant de la communauté, c'est une belle façon de préparer la communion d'une assemblée. J'aime particulièrement l'invitation qui précède le *Sanctus* : « *C'est pourquoi, avec les anges et tous les saints, nous proclamons ta gloire, en chantant d'une seule voix : Saint, saint, saint...* »

Sauf que nous ne chantons pas comme des anges, mais comme des casseroles.

En plus de ma confrérie, il faut inventer des moyens de nous apprendre à chanter, d'apprendre aux enfants du catéchisme à chanter, il faut remettre à l'honneur les concerts spirituels[1], recréer des chorales, non pour qu'elles chantent seules pendant les célébrations mais pour qu'elles enrichissent le chant de l'assemblée. Ma petite camarade Anne y tient beaucoup et je suis totalement d'accord avec elle. Mais d'abord, place à la liturgie, une liturgie qui ne soit pas quelque obscur service du sacré mais la manifestation de la présence de Dieu et de son amour dans les sacrements et la prière de l'assemblée. Il y a du boulot !

Proposition 8 : les « Cathobus » (CP)

Parmi les « déserts » français, il y a les espaces ruraux, et les banlieues étendues. Le Cathobus est une présence chrétienne itinérante. De la même façon qu'existe le Bibliobus, sorte de bibliothèque nomade, de la même manière que la Caisse d'Épargne tient des permanences mobiles, il s'agit de tenir une permanence d'accueil et d'écoute mobile.

Le matériel nécessaire est donc une camionnette aménagée de telle sorte que trois personnes puissent s'asseoir autour d'une table. L'accueil est assuré par des personnes formées, en lien avec le centre paroissial. En fait, c'est une sorte d'antenne paroissiale mobile. Notre Cathobus s'installe selon des jours et des horaires fixes, sur la place de l'église, par exemple. Qu'y

---

1. Concert de musique sacrée à l'occasion d'une fête religieuse.

fait-on ? Ce qu'on fait dans les accueils paroissiaux des grandes paroisses de centre- ville. On s'y renseigne sur les préparations au baptême, au mariage, on y trouve des documents qui présentent les activités de la paroisse, du diocèse, la vie des mouvements et des associations. On peut y laisser une intention de prière, on pourrait même y trouver un chrétien ou une chrétienne avec qui prier.

Suivant les lieux et les besoins, on peut imaginer qu'il soit possible plusieurs fois par an de rencontrer un prêtre, et en particulier de recevoir le sacrement de réconciliation.

Pourquoi ne pas ouvrir l'église ? Parce que les églises sont froides, humides, peu hospitalières quand elles ne sont ouvertes que rarement.

Je suis certaine qu'il suffit de créer l'outil : quelques camions par diocèse, des bénévoles, plutôt des gens qui connaissent le pays.

Le gérant de la supérette accepterait peut-être de céder l'usage de quelques places de parking ? Imaginez, je commence à rêver, qu'on puisse, de plus, laisser son trop jeune enfant à la garde d'aimables paroissiens qui accepteraient de rendre ce service pendant qu'on pousse son caddie et fait la queue à la caisse ! Oui, il faudra régler les problèmes d'assurance et de responsabilité. Mais alors quoi, il ne manque pas de juristes catholiques qui seraient heureux de proposer des solutions. C'est une idée tellement simple que je ne comprends pas pourquoi jusque-là personne ne l'a mise en œuvre.

Dans le même esprit, ne pourrait-on pas aussi organiser des spectacles de Noël ou de Pâques itinérants, allant de bourg en bourg ? Ce serait une idée pour initier et éveiller à la foi !

Et nos charmants paroissiens qui garderaient les enfants devant le supermarché pourraient même (avec le consentement des parents, bien sûr) raconter des histoires aux petits, des histoires de la Bible par exemple, et ils pourraient aussi leur chanter des chansons. Il ne manque pas dans nos paroisses d'hommes, de femmes, de jeunes gens, filles ou garçons qui seraient prêts à prendre un temps de permanence. Certains auront des talents de conteur, d'autres inventeront d'autres activités, chant, mime, jeux… Après tout, on n'est pas obligés de rester confinés dans nos églises, et nos salles de catéchisme! Jésus n'a pas ouvert une permanence d'accueil à Nazareth et attendu les gens à heures fixes!

Table

TABLE   267

TABLE 269

Pour en savoir plus
sur les Presses de la Renaissance
(catalogue complet, auteurs, titres,
extraits de livres, revues de presse,
débats, conférences…),
vous pouvez consulter notre site Internet :
www.presses-renaissance.com